French In 32 Lessons

By the same author

French in 32 Lessons
German in 32 Lessons
Spanish in 32 Lessons
Italian in 32 Lessons

and, for the more advanced student

Gimmick 1: Français parlé (previously published as Le Gimmick)
Gimmick 1: gesprochenes Deutsch (previously published as Der Gimmick)
Gimmick 1: Español hablado (previously published as El Gimmick)
Gimmick 1: Italiano parlato

The Gimmick Series
French In 32 Lessons

Adrienne

in collaboration with Claire Bechet

W · W · NORTON & COMPANY
New York · London

W. W. Norton & Company, Inc., 500 Fifth Avenue, New York, N.Y. 10110
W. W. Norton & Company Ltd., 37 Great Russell Street, London WC1B 3NU

Adopted from the French edition published by Flammarion 1977
© Flammarion 1977.
First published in Great Britain 1978

Library of Congress Cataloging in Publication Data
Adrienne.
      French in 32 lessons.
    1.   French language—Grammar—1950–   I.   Bechet,
Claire, joint author.   II.   Title.
PC2112.A3   448'.2'421   78-12882

1 2 3 4 5 6 7 8 9 0

ISBN 0-393-04531-5

For Carolyn and Jimmy McGown
and their grandfather.

Preface

Preface

The Gimmicks for the more advanced student have been found so useful by so many — in French, German, Spanish and English — throughout Europe and America — that I have prepared a method to meet the needs of students at an earlier stage of language learning. There is much to criticise in present methods.

Beginners aren't imbeciles!

The boring repetition of inane exercises in 'modern' methods is an insult to the intelligence. To repeat, endlessly, structured sentences is a sure way to kill the discovery of one's own style. Without the freedom to make mistakes, the student will never learn to 'feel' the language. This is why, after a year or more of study, the student, often, can barely get a sentence out on his own. Emphasis on constant structuring discourages creativity, and speaking a language is a creative process.

Forced feeding

It's no good having perfect grammar if your vocabulary is limited to a few words. This is THE problem in language learning, for a language IS ITS VOCABULARY. Grammar and writing exercises over and over should not be dwelt on ridiculously. It will come automatically if vocabulary is learned properly. It doesn't matter if the beginner is lost . . . confused. Beginners are not fragile. They won't break. I don't ask mine to understand. I ask them to learn . . . hundreds of words. The theorist may need high grammar. Mr and Ms John Q. Public need words in order to understand and be understood. Vocabulary should be programmed and progressive — and gobbled up.

Tests

TESTS ARE ABSOLUTELY INDISPENSABLE FOR THOSE WHO WANT TO LEARN A LANGUAGE IN LESS THAN TEN YEARS! You can be tested by the teacher or by a friend. Each lesson should be well tested, written if possible, to make sure the words are 'in the head' and not just in the book. And, as learning is rarely 'solid' the first time, the same test should be repeated throughout the year. You must memorize hundreds, thousands of words. There is no way to communicate without words. I don't care how perfect your grammar is.

Mistakes are an asset!

Making mistakes is one of the principal ways the student learns a language . . . when it really sinks in. For verbs there is nothing better. Written resumés are excellent for this reason, and the student should write them for homework as of the first lessons: at first a small paragraph about his house, job, family, etc., and then a page summary of a movie, etc. This is the way he will find his style.

Homework
Homework is always a good thing — if only studying for constant vocabulary tests. Written summaries are an excellent way to ensure that verbs and vocabulary are being assimilated.

Pace
A very good class can assimilate one lesson a week (a once- or twice-a-week class). Those with less time might need two to three weeks for each lesson.

Not strictly kosher!
When necessary to facilitate learning, I have sacrificed strict grammatical explanations. The purist may frown on this, but the student will understand more easily. As it is easier to learn a group of words rather than the classic one-to-one tranulation, the vocabulary is taught by association.

Institut audio-visuel
Those who want to contact me personally should write to: Adrienne, IAV, 40 rue de Berri, 75008 Paris, France.

The ideal lesson
An ideal lesson might include:
— 15 minutes: the students ask each other questions to begin the class —
                using the verbs and vocabulary they have learned.
— 20 minutes: oral summary of a story, film, etc.
— 15 minutes: test (written and corrected).
— 15 minutes: grammar drills and vocabulary explanation from book, etc.
— 20 minutes: read story or article — they give quick summaries.

Optional
— 10 minutes: dictation.
— 20 minutes: debate.
— 20 minutes: scene playing.

BOXED IN!

The 'boxes' are there to concentrate your attention on the vital basic skeleton of language. Read and assimilate each well. Then learn the vocabulary by heart, always testing yourself by writing it down. Next do the exercises, correcting your work with the key at the end of the book. Each lesson represents about one week's work. After years and years of teaching executives, journalists, actors, ministers and diplomats — this method works! This is the best class text or 'self-learner' in town!!

LEÇON 1

EST-CE QUE C'EST UNE CHAISE NOIRE?	Is it a black chair?
Oui, c'est une chaise noire.	Yes, it's a black chair.
Non, ce n'est pas une chaise noire.	No, it isn't a black chair.

QU'EST-CE QUE C'EST?	What is it?
C'est une chaise noire.	It's a black chair.

1 = **un**   2 = **deux**   3 = **trois**   4 = **quatre**   5 = **cinq**

translate:

1) Is it a big table?
2) It isn't a black door.
3) See you soon.
4) Is it a little dog?
5) Darn it!
6) It isn't a big black book, but a big blue book.
7) What is it? —It's a watch.
8) Is it a red telephone?
9) It isn't a little chair.
10) Is it a white alarm-clock?

Size adjectives go before noun.

1) Est-ce que c'est une ~~grand~~ table grande?

2) Ce n'est pas une porte noire.

3) à bientôt.

4) Est-ce que c'est un chien petit?

5) Zut!

6) Ce n'est pas un livre gros noir, mais un livre gros bleu.

7) Qu'est-ce que c'est? C'est une montre.

8) Est-ce que c'est un téléphone rouge? [1]

9) Ce n'est pas une chaise petite?

10) Est-ce que c'est un reveil blanc?

UN – masculin	→	UNE – féminin
un **homme** (a man) **livre** (a book)		une **femme** (a woman) **chaise** (a chair)

note: Words in French are either masculine or feminine — with no logic to guide you!

ADJECTIVES

un livre noir → **une chaise noire**

---

give the affirmative and negative answers:

1) Est-ce que c'est un petit chat? *Small cat*
2) Est-ce que c'est un chien blanc? *White dog*
3) Est-ce que c'est un téléphone bleu? *Blue Telephone*
4) Est-ce que c'est un mur blanc? *White wall*
5) Est-ce que c'est un gros bouquin? *Large bookstore*
6) Est-ce que c'est un stylo? *Pen*
7) Est-ce que c'est une horloge bleue marine? *Navy blue clock*
8) Est-ce que c'est un crayon noir? *Black pencil*
9) Est-ce que c'est une chaise? *Chair*
10) Est-ce que c'est une grande librairie? *large library bookstore*
11) Est-ce que c'est une souris blanche? *White mouse*
12) Est-ce que c'est une porte? *Door*
13) Est-ce que c'est une montre? *Watch*
14) Est-ce que c'est un réveil rose? *Pink alarm clock*

The sign ≠ in the following vocabulary section means 'associated opposite' and refers to the words in the fourth column.

un chat	cat	une montre	*bracelet wrist watch*
une souris	mouse	une horloge	clock
un chien	dog	un réveil	alarm clock
une table	table	une porte	door
une chaise	chair		and
oui	yes		or
bonjour	hello	ou	but
encore une fois	again	mais	
de nouveau	again	noir	black
salut	hi howdy	zut	heck, hang it
au revoir	goodbye to meet again	la vache	bitch
un mur	wall	mince	golly
un téléphone	telephone	flûte	shucks
un stylo	pen	merde	
		petit	small
		le la les	the
		un une	a, un

2

VOCABULAIRE

	traduction = translation	synonyme- associé = associated synonym	contraire- associé = associated opposite
1. (un) chat	cat	(une) souris = mouse	(un) chien = dog
2. (une) table	table ≠ chair		(une) chaise
3. oui	yes		non = no
4. bonjour	hello ≠ good-bye	salut	au revoir, salut = bye
5. encore une fois	again	de nouveau	
6. (un) mur	wall		
7. (un) téléphone	telephone		
8. (un) stylo	pen		(un) crayon = pencil
9. /(une) montre /(une) horloge	/watch/clock	(un) réveil = alarm-clock	
10. (une) porte	door		
11. /et/ou	/and/or	mais = but	
12. noir	black		blanc = white
13. zut!	darn it!, damn it!	mince!, flute!, la vache!, merde! = shit! = fuck it!	
14. petit	little ≠ big		gros, grand
15. /le, la, les /un, une	/the/a, an		
16. rouge	red	rose = pink	
17. bleu	blue	bleu marine = navy blue	
18. (un) livre	book	(un) bouquin, (une) librairie = bookstore, bookshop	
19. (un) devoir	homework		
20. à bientôt	see you soon		

Handwritten annotations:

rouge red
rose pink
bleu bleu
bleu marine navy bleu

un livre book
un bouquin books
une librairie bookstore
un devoir homework
à bientôt see you soon

non no
gros large
grand
blanc white
un crayon pencil

LEÇON 2

EST-CE QUE CE SONT DES LIVRES INTÉRESSANTS?	Are they interesting books?
Oui, ce sont des livres intéressants.	Yes, they're interesting books.
Non, ce ne sont pas des livres intéressants.	No, they aren't interesting books.

note: — un, une = a (singulier).
  — des = some (pluriel). The French are nuts for the use of articles!
  — No final 's' is pronounced.

QU'EST-CE QUE C'EST?	What are they?
Ce sont des cigarettes.	They're cigarettes.

translate:
1) How are you? —Fine, thank you, and you?
2) Are they strong cigarettes?
3) Are they brown coats?
4) I'm sorry. I apologize.
5) Are the streets wide?
6) Time's up.
7) The broads are young and thin.
8) That's it.
9) The guys are rich, but the kids are poor.

note: Each lesson should begin with a drill of the previous lesson(s) and a quick written test.

1) Comment allez-vous? Bien, merci, et vous?
2) Est-ce que ce sont des cigarettes fortes?
3) Est-ce que sont des manteaux bruns marrons.
4) Je suis désolé, je m'excuse.
5) Est-ce que ce sont des rues large?
6) C'est l'heure.
7) Les manas sont jeunes et minces
8) C'est ça
9) Des gars sont rich, mais des gosse sont

EST-CE QUE CE SONT DE LONGUES CIGARETTES?	Are they long cigarettes?
Oui, ce sont de longues cigarettes.	Yes, they're long cigarettes.
Non, ce ne sont pas de longues cigarettes.	No, they aren't long cigarettes.

note: The adjective is usually placed after the noun; the following, however, are usually before:

gros	=	big	**jeune**	=	young
petit	=	small	**vieux**	=	old
long	=	long	**bon**	=	good
court	=	short	**mauvais**	=	bad
beau	=	beautiful			

– When the adjective is placed before the noun, DES becomes DE
(e.g. <u>des</u> livres intéressants – but – <u>de</u> longues cigarettes).

SINGULAR → PLURAL

un livre (a book)	→	**des livres** (some books)
un livre bleu (a blue book)	→	**des livres bleus** (some blue books)
une femme (a woman)	→	**des femmes** (some women)
une femme riche (a rich woman)	→	**des femmes riches** (some rich women)

note: – The plural is usually formed by adding an 's'
    – But: – animal → animaux
          – chapeau → chapeaux
    – The 's' or 'x' is not pronounced.
    – If the noun is plural, the adjective is also plural.
    – Adjectives ending in 's' or 'x' remain the same for the plural.

put in the plural:

un type faible *des types faibles*
une petite nana *de petites nanas*
un gosse fort
une femme riche
une chaussette marron
un manteau long
un gros mec
un beau cendrier
un jeune garçon
un briquet court
un vieux réveil
un bon bouquin
un mauvais après-midi
une petite fille

une rue étroite
un papier épais
une petite pièce
un livre rouge
une grande clef
une boîte bleue
un môme doux
une allumette mince
un manteau léger
un type pauvre
une dernière leçon
un premier enfant
une table lourde
un vieux chien

give the affirmative and negative answers; then give the singular form of each question:

1) Est-ce que les nanas sont intéressantes?
2) Est-ce que les bouquins sont sur la table?
3) Est-ce que les rues sont larges?
4) Est-ce que les hommes sont faibles?
5) Est-ce que les gosses sont pauvres?
6) Est-ce que les cendriers sont verts?
7) Est-ce que les types sont doux?
8) Est-ce que les cigarettes sont bonnes?
9) Est-ce que les imperméables sont vieux?
10) Est-ce que les animaux sont beaux?
11) Est-ce que les enfants sont mauvais?
12) Est-ce que les chaussures sont petites?
13) Est-ce que les papiers sont épais?
14) Est-ce que les pièces sont grandes?

LE – LA – LES	= THE
<u>le</u> livre (masculin)	→ <u>les</u> livres
<u>la</u> femme (féminin)	→ <u>les</u> femmes

note: — LES is the plural of both LE and LA.
   — LE and LA become L' before silent 'h' or vowel
      (e.g. l'homme, l'ami).

EST-CE QUE $\begin{array}{c}\text{LE CHAT} \\ \text{LA CHATTE}\end{array}$ EST $\begin{array}{c}\text{NOIR} \\ \text{NOIRE}\end{array}$?   Is the cat black?

Oui, le chat/la chatte est noir(e).   Yes, the cat is black.
Non, le chat/la chatte n'est pas noir(e).   No, the cat isn't black.

note: le chat = male cat, la chatte = female cat.

UN/LE MANTEAU BLANC

un/le   — article
manteau — noun
blanc   — adjective

6 = **six**   7 = **sept**   8 = **huit**   9 = **neuf**   10 = **dix**

7

give the singular and plural negative answers:
e.g. Est-ce que le chat est noir?
  — Non, le chat n'est pas noir.
  — Non, les chats ne sont pas noirs.

1) Est-ce que la femme est grande?
2) Est-ce que l'homme est faible?
3) Est-ce que le bouquin est épais?
4) Est-ce que la pièce est petite?
5) Est-ce que la leçon est intéressante?
6) Est-ce que la table est légère?
7) Est-ce que l'imperméable est bleu marine?
8) Est-ce que la chaussure est petite?
9) Est-ce que le gosse est gros?
10) Est-ce que la nana est jeune?
11) Est-ce que la montre est bonne?
12) Est-ce que l'après-midi est doux?
13) Est-ce que la chaussure est sur la table?
14) Est-ce que le cendrier est sur la chaise?
15) Est-ce que le type est riche?
16) Est-ce que la rue est large?
17) Est-ce que le chausson est rouge?
18) Est-ce que le type est jeune?
19) Est-ce que le vieux chien est sous la table?
20) Est-ce que la première porte est lourde?
21) Est-ce que la dernière leçon est longue?
22) Est-ce que le vieux bouquin est sur la chaise?
23) Est-ce que la musique est forte?
24) Est-ce que la femme est grosse?
25) Est-ce que l'homme est bon?

translate and answer in the negative, singular and plural:
e.g.Est-ce que ce sont des mecs intéressants?
  — Are they interesting guys?
  — Non, ce ne sont pas des types intéressants.
  — Non, ce n'est pas un type intéressant.

1)   Est-ce que ce sont des montres bleues?
2)   Est-ce que ce sont de gros hommes?
3)   Est-ce que ce sont des femmes douces?
4)   Est-ce que ce sont des boîtes jaunes?
5)   Est-ce que ce sont de grandes chaussures?
6)   Est-ce que ce sont des rues courtes?
7)   Est-ce que ce sont de beaux gosses?
8)   Est-ce que ce sont des imperméables longs?
9)   Est-ce que ce sont des chapeaux marrons?
10) Est-ce que ce sont de grandes pièces?
11) Est-ce que ce sont des chats noirs?
12) Est-ce que ce sont des chaussettes jaunes?
13) Est-ce que ce sont des mecs forts?
14) Est-ce que ce sont des bouquins épais?
15) Est-ce que ce sont de grandes librairies?
16) Est-ce que ce sont de courtes leçons?
17) Est-ce que ce sont des types riches?
18) Est-ce que ce sont de gros chiens?
19) Est-ce que ce sont des chaussures bleu marine?
20) Est-ce que ce sont de mauvaises cigarettes?
21) Est-ce que ce sont des chapeaux verts?
22) Est-ce que ce sont des boîtes de nuit?
23) Est-ce que ce sont de grandes clefs?
24) Est-ce que ce sont des cendriers lourds?
25) Est-ce que ce sont de petites souris?
26) Est-ce que ce sont des murs blancs?

put in the interrogative, singular and plural:

e.g. *C'est une montre.*

— Est-ce que c'est une montre?

— Est-ce que ce sont des montres?

1) C'est une jeune femme.
2) C'est une petite pièce.
3) C'est une grande boîte.
4) C'est une souris noire.
5) C'est une femme intéressante.
6) C'est un enfant doux.
7) C'est une longue allumette.
8) C'est un beau briquet.
9) C'est une rue étroite.
10) C'est un manteau léger.
11) C'est une jeune nana.
12) C'est un mec fort.
13) C'est un chien blanc.
14) C'est un réveil vert.
15) C'est un homme riche.
16) C'est un grand mur.
17) C'est un vieux bouquin.
18) C'est la première leçon.
19) C'est un long après-midi.
20) C'est un gros chat.
21) C'est une table rouge.
22) C'est un livre épais.
23) C'est un cendrier jaune.
24) C'est un petit môme.
25) C'est un imperméable vert.
26) C'est un gars faible.

translate:

1) Would you repeat it please?
2) The young child is under the table.
3) That's not it.
4) The ashtray isn't on the chair.
5) The streets aren't wide.
6) I'm sorry.
7) The broad is big and fat.
8) The guys are poor but interesting.
9) Time's up!
10) Darn it!
11) The nightclub is old.
12) The companies are rich.
13) The books aren't thick.
14) The first lesson is interesting.
15) The girl's thin, me too.
16) The man isn't fat; me (n)either.
17) The lighter's old but good.
18) The kids are strong.
19) That's correct. That's it.
20) The hat's little.
21) The first room is small.
22) The shoes are big.
23) The wall is red and blue.
24) The coat is black but the hat is navy blue.
25) A book is on the table.
26) Is a rich girl interesting?
27) A red telephone is on the chair.
28) The yellow socks are under the table.

CONTRAIRES (OPPOSITES) 1

learn by heart, then ask someone to give you a test:

1) **la fille est jeune**
   the girl is young
   ≠ **vieille**
   old

2) **la femme est grosse**
   the woman's fat
   ≠ **mince**
   thin

3) **la table est lourde**
   the table's heavy
   ≠ **légère**
   light

4) **la musique est forte**
   the music's loud
   ≠ **douce**
   soft

5) **la rue est large**
   the street's wide
   ≠ **étroite**
   narrow

6) **Mike est riche**
   Mike's rich
   ≠ **pauvre**
   poor

7) **l'homme est fort**
   the man's strong
   ≠ **faible**
   weak   ,

8) **le papier est épais**
   the paper's thick
   ≠ **fin**
   thin

9) **la pièce est grande**
   the room's big
   ≠ **petite**
   small

10) **l'homme est bon**
    the man's good
    ≠ **mauvais**
    bad

11) **le livre est sur la table**
    the book is on the table
    ≠ **sous**
    under

12) **cette leçon est la première**
    this lesson is first
    ≠ **dernière**
    last

VOCABULAIRE

	traduction	synonyme-associé	contraire-associé
1. aussi	also ≠ neither	moi aussi = me too	non plus, moi non plus = me (n)either
2. Comment allez-vous?	How are you? ≠ fine thank you and you?	ça va?	bien merci et vous?
3. (un) homme	man ≠ woman	(un) gars = guy, (un) type, (un) mec = fellow	(une) femme, (une) nana = broad
4. (un) garçon	boy ≠ girl		(une) fille
5. /(un) enfant /(un) gosse	/child/kid	(un) môme, (un) bébé = a baby	
6. bonjour	good morning	bon après-midi = good afternoon	bonsoir = good evening
7. (une) boîte	/box/company /nightclub		
8. c'est bien ça	that's right, that's it ≠ it's wrong	ça y est, c'est ça, c'est bon = that's correct	c'est faux, ce n'est pas ça, ça ne va pas
9. (une) clef	key		
10. /(une, des) chaussures/(une, des) chaussettes	/shoes/socks	(un, des) chaussons = slippers	
11. Pouvez-vous le répéter, s'il vous plaît?	Would you repeat, please?		
12. /(un) cendrier /(une) allumette	/ashtray/match	du feu = light, (un) briquet = lighter	
13. /vert/brun	/green/brown	jaune = yellow	
14. court	short ≠ long		longue
15. /(un) chapeau /(un) manteau	/hat/coat	imperméable = raincoat	
16. Je suis désolé.	I'm sorry.	navré, confus, excusez-moi = excuse me, I apologize = je m'excuse	
17. C'est l'heure!	Time's up!		

LEÇON 3

POSSESSIVE ADJECTIVES AND PRONOUNS

mon		le(s) **mien**(s)		
ma	= my	la (les) **mienne**(s)	= mine	
mes		le(s) **tien**(s)		
ton, ta, tes	= your	la (les) **tienne**(s)	= yours	
votre, vos		le, la, les **votre**(s)		
son, sa, ses	= his, her, its	le(s) **sien**(s)	=	hers
		la (les) **sienne**(s)		his
				its
notre, nos	= our	le, la (les) **notre**(s)	= ours	
leur(s)	= their	le, la (les) **leur**(s)	= theirs	

note: — This is less complicated than it seems. First you have to find out
what is owned (not *who* owns it) and follow the masculine or
feminine, singular or plural of these words: e.g.:
— mon livre (my book)
— son livre (her or his book)
— sa chaise (her or his chair)
— his mother = sa mère, her father = son père.
— TON, TES is an added difficulty — special words for family, friends
and lovers!

EST-CE TON/VOTRE LIVRE?	Is it your book?
Oui, c'est <u>mon</u> livre.	Yes, it's my book.
Oui, c'est le <u>mien</u>.	Yes, it's mine.

EST-CE QUE CE SONT SES GANTS?	Are they his/her gloves?
Oui, ce sont <u>ses</u> gants.	Yes, they're his/her gloves.
Oui, ce sont les <u>siens</u>.	Yes, they're his/hers.

À QUI EST CE BOUQUIN?	Whose book is it?
C'est <u>son</u> bouquin.	It's her/his book.
C'est le <u>sien</u>.	It's hers/his.

11 = **onze**
12 = **douze**
13 = **treize**
14 = **quatorze**
15 = **quinze**

16 = **seize**
17 = **dix-sept**
18 = **dix-huit**
19 = **dix-neuf**
20 = **vingt**

translate:

1) Is it your scarf? — No, it's hers.
2) Are they his boots? — No, they're hers.
3) What's the matter?
4) Whose bag is it?
5) They aren't my turtlenecks, they're hers.
6) Thank you. You're welcome.
7) Are your slacks too short?
8) Get it?
9) They aren't your ties, they're his.
10) It doesn't matter.
11) What's new? — Nothing special.

translate and put in the negative:

1) His gloves are nice but small.
2) Her book is on the table.
3) My homework is easy.
4) Your new boots are shitty.
5) Her last guy is crazy.
6) Their clothes are old.
7) Our bright sweaters are soft.
8) His broad is boring.
9) His beautiful new suit is black.
10) Our new bright shirts are crazy.
11) Her blue skirt is old.
12) My slacks are dry.
13) Our blackboard is wide.
14) Their turtlenecks are beautiful.
15) His waistcoat (US vest) is bright.
16) Your purses are old.
17) Their broads are kind.

give the possessive pronouns:
e.g. C'est mon pull.
   — C'est le <u>mien</u>.

1) Ce sont vos vêtements. Ce sont . . .
2) C'est ma chemise. C'est . . .
3) Ce sont leurs cigarettes. Ce sont . . .
4) C'est son type. C'est . . .
5) C'est son costume neuf. C'est . . .
6) Ce briquet rouge est mon briquet. C'est . . .
7) Ce sont vos gants. Ce sont . . .
8) Ces pantalons amusants sont ses pantalons. Ce sont . . .
9) C'est notre tableau noir. C'est . . .
10) C'est sa robe rouge. C'est . . .
11) C'est notre dernière leçon. C'est . . .
12) Ce sont mes vieux vêtements. Ce sont . . .
13) Ce sont ses bas. Ce sont . . .
14) Ce sont leurs chaussettes. Ce sont . . .
15) Ce sont nos bottes favorites. Ce sont . . .
16) Ce sont leurs gentils gosses. Ce sont . . .
17) C'est son grand sac. C'est . . .
18) C'est mon malheureux chien. C'est . . .
19) C'est son ancien type. C'est . . .
20) C'est leur craie blanche. C'est . . .
21) C'est sa cravate bleue. C'est . . .
22) Ce son vos nouveaux livres. Ce sont . . .
23) C'est leur grande librairie. C'est . . .
24) Ce sont leurs bouquins ennuyeux. Ce sont . . .
25) C'est ma veste longue. C'est . . .
26) Ce sont nos livres favoris. Ce sont . . .
27) C'est votre gentille nana. C'est . . .
28) C'est votre costume bleu marine. C'est . . .

```
SOME IRREGULAR ADJECTIVES

masculine              feminine         masculine                 feminine

beau (beautiful)   →   belle        gentil (kind)        →    gentille
nouveau (new)      →   nouvelle     blanc (white)        →    blanche
vieux (old)        →   vieille      premier (first)      →    première
bon (good)         →   bonne        dernier (last)       →    dernière
heureux (happy)    →   heureuse     ennuyeux (boring)    →    ennuyeuse
malheureux         →   malheureuse  cher (dear)          →    chère
  (unhappy)                         faux (false)         →    fausse
vif (bright)       →   vive         fou (mad, crazy)     →    folle
neuf (new)         →   neuve        sot (silly)          →    sotte
sec (dry)          →   sèche        favori (favourite)   →    favorite
long (long)        →   longue       ancien (old)         →    ancienne
doux (soft)        →   douce        con (shitty)         →    conne
gros (big)         →   grosse
```

fill in the adjectives:

des (beau) . . . bottes
une cravate (neuf) . . .
des (gentil) . . . femmes
mon mec (favori) . . .
des (vieux) . . . jupes
sa robe (neuf) . . .
une chemise (blanc) . . .
une (nouveau) . . . leçon
une nana (heureux) . . .
un gosse (malheureux) . . .
une couleur (vif) . . .
des chaussures (neuf) . . .

des bébés (sec) . . .
une (long) . . . leçon
la musique (doux) . . .
une (gros) . . . femme
des (beau) . . . chats
la (premier) . . . leçon
une (ennuyeux) . . . nana
un homme (faux) . . .
une fille (fou) . . .
une môme (sot) . . .
une horloge (ancien) . . .
une femme (con) . . .

VOCABULAIRE

	traduction	synonyme-associé	contraire-associé
1. (une) robe	dress (note: robe = robe de chambre)	jupe = skirt, (un, des) bas = stockings	
2. /(une) chemise /(une) cravate /(un) costume /(une) veste	/shirt/tie/suit/ jacket	un gilet = waist-coat (US vest)	
3. (un, des) pantalon	slacks	(une, des) bottes = boots	
4. /(un)sac/(un, des) gants/(un) foulard	/bag/gloves/scarf	sac à main = purse (un) mouchoir = handkerchief	
5. Comment vous appelez-vous?	What's your name?	je m'appelle . . . = my name is . . .	
6. (un) pull	sweater	(un) col roulé = turtleneck	
7. Quelle couleur est-ce?	What colour is it?		
8. merci beaucoup	many thanks ≠ you're welcome	s'il vous plaît = please	je vous en prie, de rien, il n'y a pas de quoi = don't mention it
9. (un, des) vêtements	clothes	(un) habillement = clothing	
10. regarder	to watch, look at		
11. (un) tableau noir	blackboard	(une) craie = chalk	
12. Qu'est-ce qu'il y a?	What's the matter? What's wrong?	Qu'est-ce qui ne va pas?	Ça va = it's OK
13. cela ne fait rien	it doesn't matter	peu importe = never mind ■ n'importe	
14. c'est tout	that's all		
15. Vous comprenez?	Do you understand? ≠ I'm mixed up.	Est-ce que vous comprenez?; pigé? = get it?	je confonds tout, je m'embrouille
16. Quoi de neuf?	What's new?		rien de spécial = nothing special

19

LEÇON 4

POSSESSION

Le parapluie de Jane	Jane's umbrella
Les parapluies de Jane	Jane's umbrellas
Les voitures des garçons	The boys' cars

note: — at last something easier in French than in English!
— The French say: 'the umbrella of Jane', not 'Jane's umbrella'.

OF THE, FROM

de + le → du	**le livre du garçon** the boy's book
de + la	**la voiture de la nana** the broad's car
de + les → des	**les voitures des types** the guys' cars **les voitures des nanas** the broads' cars

note: — de le : this is a mistake!
— Before silent 'h' or vowel: de l' (e.g. de l'hôtel, de l'enfant).

translate:

1) Peter's eyes are green.
2) How do you spell it?
3) The girl's mouth is large.
4) The woman's teeth are white.
5) Wait a minute!
6) Jane's face is beautiful.
7) The broads' legs are thin.
8) The man's hands are behind me.
9) The guy's car is crazy.
10) The men's broads are beautiful.

Put either, **du**, **de la** or **des**:

le bouquin . . . type

la jupe . . . nana

les jours . . . semaine

les gueules . . . mecs

les yeux . . . enfants

la bouche . . . femme

le pied . . . homme

les mois . . . année

la tête . . . garçon

les mains . . . fille

le bras . . . enfant

les parapluies . . . filles

les jambes . . . mômes

le nez . . . Jane

les doigts . . . main

les ongles . . . pied

les années . . . siècles

la fenêtre . . . pièce

les feux . . . rue

les oreilles . . . chien

les bottes . . . enfants

la chemise . . . garçon

la musique . . . boîte

la leçon . . . gosses

la voiture . . . homme

la pluie . . . après-midi

QUEL(S)? — QUELLE(S)? = WHICH? — WHAT?	
masculine	feminine
Quel type? = which guy?	**Quelle nana?** = which broad?
Quels types? = which guys?	**Quelles nanas?** = which broads?

use the correct form of **quel**:

. . . homme?
. . . bouquin?
. . . nez?
. . . siècle?
. . . femmes?
. . . gosse?
. . . nanas?
. . . mecs?
. . . yeux?
. . . chat?
. . . fenêtres?
. . . types?
. . . années?
. . . mois?
. . . parapluie?
. . . chien?
. . . mardi?
. . . mains?

. . . chaises?
. . . montre?
. . . voitures?
. . . bottes?
. . . sac?
. . . jupes?
. . . manteaux?
. . . costume?
. . . oreilles?
. . . jambe?
. . . ongles?
. . . semaine?
. . . cigarettes?
. . . briquet?
. . . vestes?
. . . pieds?
. . . leçon?
. . . musique?

learn to say the alphabet:

A-B-C-D-E-F-G-H-I-J-K-L-M-N-O-P-Q-R-S-T-U-V-W-X-Y-Z

```
┌─────────────────────────────────────────────────────────────┐
│ THIS – THESE                                                 │
│                                                              │
│ CE              ce livre                                     │
│ masculin        this                                        │
│ CETTE                   cette femme                          │
│ féminin                                                      │
│                                                              │
│ CES     these   ces livres                                  │
│                 ces femmes                                  │
└─────────────────────────────────────────────────────────────┘
```

note: CE . . . CI is used for 'this one' as opposed to CE . . . LÀ for 'that one',
e.g. I want this book (here) and not that book (there) = Je veux ce
livre-ci et pas ce livre-là.

```
┌─────────────────────────────────────────────────────────────┐
│ MASCULIN                      FÉMININ                        │
│                                                              │
│ Quel livre?  –  CELUI-CI      Quelle femme?  –  CELLE-LÀ     │
│ which book?     this one      which woman?      this one     │
│                                                              │
│ Quels livres? – CEUX-CI       Quelles femmes? – CELLES-LÀ    │
│ which books?    these (ones)  which women?      these (ones) │
└─────────────────────────────────────────────────────────────┘
```

note: – You add '-là' for that one (there) and those ones (there).
       – Quel livre? – celui-là = that one.
       – Quelles femmes? – celles-là = those.

put in the singular, then put in the interrogative form:
e.g. Ces livres sont les miens.
  — Ce livre est le mien.
  — Est-ce que ce livre est le mien?

1) Ces sacs sont sur la table.
2) Ces pièces sont devant la mienne.
3) Ces costumes sont petits pour ces types.
4) Ces robes sont sexy.
5) Ces montres-ci sont les miennes, et celles-là sont les vôtres.
6) Ces manteaux sont les miens et ceux-là sont les vôtres.
7) Ces bouquins-là sont loin de Jane, mais ceux-ci sont près.
8) Ces voitures sont devant ma fenêtre.
9) Ces chattes-là sont derrière la porte, mais celles-ci sont devant la porte.
10) Ces femmes sont là-bas.
11) Ces mecs-ci sont riches et ceux-là sont pauvres.
12) Ces premières leçons sont ennuyeuses et les dernières leçons, courtes.
13) Ces visages sont beaux.
14) Ces bottes-ci sont nouvelles et les autres sont vieilles.

translate:

1) Those guys are weak.
2) Those gloves are new, but these are old.
3) This man is rich; the other is poor, but good.
4) This chair isn't in the room.
5) This bag is behind the table.
6) This book is yours, that one is mine.
7) These cars are near the house, but those are far away.
8) This broad is crazy but interesting.
9) Is that guy boring? — This one isn't.
10) Are those women rich? — These aren't.
11) That car is big, but this one isn't.
12) Which lessons are interesting? — those.
13) Which kid is yours? — this one.
14) Which animals are theirs? — those.

VOCABULAIRE

	traduction	synonyme-associé	contraire-associé
1. allez-y	go on ≠ wait a minute	continuez	attendez une minute
2. (une) fenêtre	window	(la) vitrine = shopwindow	
3. (un) parapluie	umbrella	(la) pluie = rain	
4. (un) jour	day	(une) semaine = week	
5. /(une) année /(un) mois	/year/month	(un) siècle = century	
6. dimanche	Sunday	lundi, mardi, mercredi, jeudi, vendredi, samedi	
7. /ou/avec/dans /quand	/where/with/in /when		
8. ici	here ≠ there		là, là-bas = over there
9. devant	in front of	en face = across from	derrière = behind
10. près de	near ≠ far from		loin de
11. sur	on		sous = under
12. à côté de	next to		
13. (une) tête /(un) bras	head	visage; gueule (slang) = face	
14. /(un) œil, (des) yeux/(un) nez	/eye(s)/nose	voir = to see	
15. (une) oreille	ear	entendre = to hear	
16. /(une) main	/hand/arm		(un) pied = foot, (une) jambe = leg
17. (une) bouche	mouth	(une) dent = tooth	
18. Comment l'épelez-vous?	How do you spell it?		
19. (un) doigt	finger	(un) ongle = nail	(un) doigt de pied = toe

LEÇON 5

QUELLE HEURE EST-IL?	What time is it?
Il est dix heures.	It's ten o'clock.
Il est dix heures moins le quart.	It's a quarter to ten.
Il est dix heures et quart.	It's a quarter past ten.
Il est dix heures et demi.	It's ten thirty.

Oui, il y en a un.

IL Y A = THERE IS, THERE ARE	
EST-CE QU'IL Y A UN HOMME ICI?	Is there a man here?
Oui, il y en a un.	Yes, there is (one).
Oui, il y a un homme ici.	Yes, there's a man here.
EST-CE QU'IL Y A DES HOMMES ICI?	Are there men here?
Oui, il y en a.	Yes, there are (some).
Oui, il y a des hommes ici.	Yes, there are men here.
Non, il n'y en a pas.	No, there aren't.
Non, il n'y a pas d'hommes ici.	No, there aren't any men here.

note: — Remember in the negative: il n'y a pas de livres (not: des).
— en = one, some

MASCULIN		FÉMININ	
Quel livre?	Which book?	**Quelle voiture?**	Which car?
LEQUEL?	Which (one)?	**LAQUELLE?**	Which one?
LESQUELS?	Which (ones)?	**LESQUELLES?**	Which (ones)?

note: — QUEL = adjective.
— LEQUEL = pronoun: Lequel voulez-vous? = Which one do you want?

use the correct form of **lequel**:

voitures? . . . ?	soir? . . . ?
avion? . . . ?	secondes? . . . ?
bateaux? . . . ?	mois? . . . ?
taxis? . . . ?	nana? . . . ?
heure? . . . ?	gosses? . . . ?
année? . . . ?	bouquin? . . . ?
matins? . . . ?	métro? . . . ?
genre? . . . ?	gare? . . . ?
trains? . . . ?	hommes? . . . ?
façons? . . . ?	bouteilles? . . . ?
été? . . . ?	vélo? . . . ?
nuit? . . . ?	bonbons? . . . ?

20 = **vingt**	70 = **soixante-dix**
30 = **trente**	80 = **quatre-vingt**
40 = **quarante**	90 = **quatre-vingt-dix**
50 = **cinquante**	100 = **cent**
60 = **soixante**	1000 = **mille**

27

translate:

1) Are there thirty hours in a day?
2) It's three-thirty.
3) Are these roads dangerous? Which ones are?
4) It's a quarter to twelve.
5) Are there taxis in the streets this afternoon?
6) It's all the same to me.
7) Which ceiling is high? — This one.
8) The teacher's wrong.
9) Are there crazy men in the room?
10) No dice!
11) Are there empty bottles on the table?
12) Are there bikes in the underground?
13) There are three false answers. Which are they?
14) It's a quarter past four.
15) Of course not!
16) What time is it? — It's ten o'clock.
17) Two guys are wrong. Which ones?
18) Is the candy sweet or sour?
19) Are you cold or hot?
20) This room is dirty but that one is clean.
21) Are today's lessons easy or difficult?
22) Is his broad pretty or ugly? Which broad?
23) Are there safe planes in winter?
24) What kind of kids are they?
25) Are there boring teachers in the room?
26) There are three pretty cars in front of my window. Which ones?
27) There is a full bottle under the table.
28) There is a boring lesson in the book. Which one?

CONTRAIRES 2

1) **le chat est joli**
   the cat's pretty
   ≠ **laid, vilain**
   ugly

2) **le manteau est sale**
   the coat's dirty
   ≠ **propre**
   clean

3) **le professeur a raison**
   the teacher's right
   ≠ **tort**
   wrong

4) **la route est dangereuse**
   the road's dangerous
   ≠ **sûre**
   safe

5) **les leçons sont faciles/simples**
   the lessons are easy/simple
   ≠ **dures, difficiles**
   hard, difficult

6) **la règle est longue**
   the rule's long
   ≠ **courte**
   short

7) **mon vélo est rapide**
   my bike's fast
   ≠ **lent**
   slow

8) **la pièce est froide**
   the room's cold
   ≠ **chaude**
   hot

9) **la bouteille est vide**
   the bottle's empty
   ≠ **pleine**
   full

10) **le bonbon est sucré**
    the candy's sweet
    ≠ **aigre/amer**
    sour/bitter

11) **la plafond est haut**
    the ceiling's high
    ≠ **bas**
    low

12) **notre cours est intéressant**
    our lesson is interesting
    ≠ **ennuyeux/rasoir**
    boring/dull

29

VOCABULAIRE

	traduction	synonme-associé	contraire-associé
1. à midi	at noon		à minuit = at midnight
2. le matin	in the morning ≠ at night	dans l'après-midi = in the afternoon	la nuit, le soir = in the evening
3. /(un) été/(un) printemps /(une) saison	/summer/spring /season	(un) hiver = winter, (un) automne = fall	
4. Combien de?	How many?		
5. /(un) genre /(une) façon	/kind/way	(une) sorte = sort	
6. aujourd'hui	today	demain = tomorrow	hier = yesterday
7. cela m'est égal	I don't care, it's all the same to me	ça n'a pas d'importance	
8. aller	to go ≠ to come	s'en aller = to go away, partir = to leave, sortir = to go out	venir, rester = to stay
9. (une) heure	hour	(une) demi-heure = half an hour	
10. (une) seconde	second	(une) minute = minute	un moment = a while
11. janvier	January, etc.	février, mars, avril, mai, juin, juillet, août, septembre, octobre, novembre, décembre	
12. /(une) voiture /(un) avion/(un) bateau/(un) train/(un) taxi	/car/plane/boat /train/taxi	bus = bus, métro = subway, gare = station	
13. demander	to ask ≠ to answer	poser une question = to ask a question	répondre; (une) réponse = answer
14. d'accord	all right	ça marche, c'est entendu = it's a deal	ça ne marche pas = no dice
15. bien sûr	of course ≠ of course not	certainement, bien entendu, évidemment	bien sûr que non
16. fou	crazy, mad	dingue, cinglé	

LEÇON 6

ÊTRE = TO BE			
je **suis**	I am	je **ne suis pas**	I'm not
tu **es**	you are	tu **n'es pas**	you aren't
il	he	il	he
elle **est**	she is	elle **n'est pas**	she isn't
c'	it	ce	it
nous **sommes**	we are	nous **ne sommes pas**	we aren't
vous **êtes**	you are	vous **n'êtes pas**	you aren't
ils		ils	
elles **sont**	they are	elles **ne sont pas**	they aren't
ce		ce	

note: — The present in French can also translate our present perfect,
e.g. I've been here for two years = je suis ici depuis deux ans.
— Remember TU is for friends and lovers (VOUS is the plural).
— Vous êtes = singular and plural.
— It's raining/snowing/etc. = il pleut/il neige/etc.

EST-CE QUE VOUS ÊTES AMÉRICAIN?	Are you American?
Oui, je suis américain.	Yes, I'm American.
Non, je ne suis pas américain.	No, I'm not American.

translate:

1) I'm not dirty. Are you?
2) Her husband's a doctor.
3) What does it mean?
4) The businessman's rich and fat.
5) Do you think so?
6) He isn't French, but you are.
7) We aren't happy.
8) Either one.

put in the negative, then in the interrogative:
e.g. Je suis trop gentille.
    — Je ne suis pas trop gentille.
    — Est-ce que je ne suis pas trop gentille?

1) C'est un sale flic.
2) John est un patron assez gentil.
3) Vous êtes des étudiants très intéressants.
4) Les hommes d'affaires sont trop riches.
5) Le problème est trop difficile.
6) Ce boulot est très long.
7) Mon travail est ennuyeux.
8) L'avocat est américain.
9) Elle est très vive.
10) Les professeurs de cette année sont ennuyeux.
11) Les jours en décembre sont courts.
12) C'est dommage.
13) Les bateaux sont rapides.
14) La bouteille est vide.
15) La pièce est sale.
16) Nous sommes intéressants.
17) Le film est amer.
18) Elle est vilaine.
19) Il est derrière la porte.
20) Je suis la secrétaire du patron.

```
┌─────────────────────────────────────────────────────────────┐
│ AUSSI, − NON PLUS        =  TOO, ALSO − EITHER, NEITHER       │
│ Elle est jolie et moi aussi.    She's pretty and I am too.    │
│ Elle n'est pas jolie et moi     She isn't pretty and I'm not either. │
│ non plus.                                                     │
└─────────────────────────────────────────────────────────────┘
```

```
┌─────────────────────────────────────────────────────────────┐
│ ELLE EST RICHE ET    moi aussi  (me too)                     │
│                      toi aussi  (you too)                    │
│                      lui aussi  (he too)                     │
│                      elle aussi (she too)                    │
│                      nous aussi (we too)                     │
│                      vous aussi (you too)                    │
│                      eux aussi  (they too)                   │
│                      elles aussi (they too)                  │
└─────────────────────────────────────────────────────────────┘
```

translate, then put in the negative:
e.g. I'm French and she is too.
    − Je suis française et elle aussi.
    − Je ne suis pas française et elle non plus.

1) The boss is nice and I am too.
2) The student is boring and you are too.
3) The businessman is rich and you are too.
4) The secretary is bright and her guy is too.
5) The cop's bitter and his broad is too.
6) I'm kind and so are you.
7) The office is a long way away and the underground (US subway) is too.
8) The chief is slow and my boss is too.
9) The hospital is near me and the cinema (movies) too.
10) They're businesswomen and so are we.
11) You're students and we are too.
12) You're shitty and so are they.
13) Your problems are easy and so are mine.
14) Her bottle is empty and mine is too.
15) Your cat's cute and so is ours.
16) This room is dirty and so is that.
17) His bike is fast and so is mine.
18) Winter is cold and autumn (fall) is too.
19) The candy's sweet and so are you.
20) The teacher's boring and you are too.
21) My guy's ugly and so is yours.
22) I'm strong and so are they.

```
IL FAIT = IT'S

il fait beau          it's nice out
il fait froid/chaud   it's cold/hot
il est certain que    it's certain that

EST-CE QU'IL FAIT BEAU?

Oui, il fait beau.
Non, il ne fait pas beau.
```

```
C'EST = IT'S

C'est intéressant    it's interesting
C'est ennuyeux       it's boring
C'est sympa          it's nice
C'est joli           it's pretty
C'est tôt/tard       it's early/late
C'est cher/bon       it's expensive/
marché               cheap
```

translate:

1) It's nice out today.
2) It's too late to go.
3) It's boring.
4) It's cold.
5) It's too early.
6) It's nice.
7) It's very expensive.
8) It's interesting.
9) It's hot.
10) It's cheap.

VOCABULAIRE

	traduction	synonyme-associé	contraire-associé
1. J'aimerais vous présenter . . .	I'd like you to meet . . .		enchanté = pleased to meet you
2. /qui?/quel? /lequel?	/who?/which?/ which one?	que = that	
3. /(un) docteur /(un) avocat /(un) témoin	/doctor/lawyer /witness	hôpital = hospital infirmière = nurse	
4. /(un) homme d'affaires /les affaires	/businessman /business	femme d'affaires = businesswoman	
5. /(un, une) étudiant(e) /(une) école	/student/school	(un, une) élève = pupil	(un, une) professeur = teacher
6. (un) flic	cop, policeman	agent de police = policeman = gendarme	
7. /(un) patron /(un) bureau	/boss/office	(un) chef = chief, (un) directeur = director	
8. trop/surtout	too much ≠ not enough/above all	assez = enough	pas assez
9. (un) problème	problem	(une) difficulté, (un, des) soucis = worries	
10. (un) travail	work	(un) boulot = job	
11. je pense bien	I think so	je crois bien, je trouve bien, j'espère bien = I hope so	
12. soit l'un soit l'autre	either (one) ≠ neither (one)		ni l'un, ni l'autre
13. c'est dommage	it's a pity ≠ thank heaven!		Dieu merci!
14. Qu'est-ce que ça veut dire?	What does it mean?	Qu'est-ce que cela signifie? (un) sens = meaning	
15. (un) cinéma	cinema (movies)	(un) film = film	
16. (un, une) secrétaire	secretary	(une, un) dactylo = typist	
17. Vous trouvez?	Do you think so?		

35

LEÇON 7

AVOIR = TO HAVE

j'ai	I have	je **n'ai pas**	I don't have
tu **as**	you have	tu **n'as pas**	you don't have
il	he	il	he
elle **a**	she has	elle **n'a pas**	she doesn't have
ça	it	ça	it
nous **avons**	we have	nous **n'avons pas**	we don't have
vous **avez**	you have	vous **n'avez pas**	you don't have
ils elles **ont**	they have	ils elles **n'ont pas**	they don't have

note: Remember the French present can also be our present perfect:
I've had my car for five years = j'ai ma voiture depuis cinq ans.

EST-CE QU'ELLE A UN TYPE	Does she have a guy?
Oui, elle a un type.	Yes, she has a guy.
Non, elle n'a pas de type.	No, she doesn't have a guy.

36

```
SPECIAL NEGATIVES
NE . . . QUE                    =  ONLY
Je n'ai que deux cigarettes.       I have only two cigarettes.
NE . . . RIEN                   =  NOTHING, ANYTHING
Je n'ai rien.                      I have nothing/I don't have anything.
NE . . . PLUS                   =  NOT ANY MORE, NOT ANY
Il n'a plus de voiture.            LONGER
                                   He doesn't have a car any more.
NE . . . PERSONNE               =  NOT ANYONE, ANYBODY,
Il n'y a personne.                 NOBODY
                                   There isn't anyone.
NE . . . JAMAIS                 =  NEVER, NOT EVER
Il n'est jamais ici.               He isn't ever here/He is never here.
NE . . . PAS ENCORE             =  NOT YET
Il n'est pas encore ici.           He isn't here yet.
```

note: — These special negatives are rather tricky but extremely important in the spoken language (they can be used with any verb).

— He is still here = Il est $\frac{\text{encore}}{\text{toujours}}$ ici.

translate and then put in the interrogative:

1) Nous n'avons surtout pas le temps aujourd'hui.
2) Elle n'a que deux enfants.
3) Il n'est plus ici depuis deux mois.
4) Vous n'avez jamais beaucoup d'argent.
5) Il n'y a personne dans la pièce.
6) Elle n'a rien d'intéressant.
7) Elles ne sont pas encore ici.
8) Tu n'as que deux nanas.
9) Nous n'avons pas encore deux voitures.
10) Ils n'ont qu'un peu de travail.
11) Vous n'êtes plus pressé.
12) Nous n'avons jamais de problèmes.

translate:

1) She's still in Paris./She isn't in Paris any more.
2) We still have a lot of time./We don't have a lot of time any more.
3) The boss still has a secretary./The boss doesn't have a secretary any more.
4) She still only has two cars./She doesn't have only two cars any more.
5) He still hasn't anything./He doesn't have anything any more.
6) They are still young./They aren't young any more.

translate, then put in the interrogative:

1) He hasn't any more work this month.
2) There isn't anyone in the room.
3) She has only two skirts.
4) He is never here on Sunday.
5) We don't have anything interesting.
6) She isn't here yet.
7) She's still in France.
8) We don't have the time any more.
9) I'm never in a hurry.
10) We still have a lot of work.
11) There is never a lot of snow here in winter.
12) You have only one car.
13) He's already the boss.
14) His film is more or less shitty.
15) They are both rarely in a hurry.
16) They aren't usually here early.
17) We've had our car for a year.
18) They have only two kids.
19) He never has a job.
20) We have only one teacher.
22) The kids are never at home in the afternoon.

AVOIR		'TO BE'
avoir faim	=	to be hungry
avoir soif	=	to be thirsty
avoir . . . ans	=	to be . . . years old
avoir sommeil	=	to be sleepy
avoir froid	=	to be cold
avoir chaud	=	to be hot
avoir peur	=	to be afraid
avoir tort	=	to be wrong
avoir raison	=	to be right
avoir du succès	=	to be successful
avoir l'habitude de	=	to be used to
avoir besoin de	=	to need
avoir de la chance	=	to be lucky

translate:

1) The teacher isn't always right.
2) The businessman is already successful.
3) I'm not hungry but I'm thirsty.
4) In any case, I'm afraid.
5) You're hardly right.
6) We never have any money.
7) I'm not lucky any more.
8) Together they're fifteen years old.
9) I'm often cold in the winter and hot in the summer.
10) She's rarely sleepy.
11) The boss's secretary is never wrong.
12) We're used to drinking a lot once a week.

ADVERBES ET LOCUTIONS (ADVERBS AND PHRASES) 1

1. à cause de	because of	13. — beaucoup	— a lot, much
2. rarement	rarely	≠ un peu	— a little, a bit
3. souvent	often	14. au cas ou	in case
4. — presque	— almost	15. — très	— very
— à peu près	— nearly	— pas mal	— pretty (rich)
5. — de toute façon	— at any rate	16. au moins	at least
— de toute	— in any case	17. il y a	ago
manière		18. — une fois	— once
6. — à peine	— scarcely	— une fois par	— once a week
— guère	— hardly	semaine	
7. jusqu'à	until, till	19. déjà	already
8. — d'habitude	usually	20. ne . . . plus	not . . . any
— habituellement			more
9. le jour où	the day when	21. sans	without
10. jamais	never, ever	22. sauf	except
11. toujours	always	23. — les deux	both
12. plus ou moins	more or less	— tous les deux	
		24. ensemble	together

VOCABULAIRE

	traduction	synonyme-associé	contraire-associé
1. et vous?	what about you?		
2. /pleuvoir/(une) pluie	/to rain/rain	tomber des cordes = to pour	
3. neiger	to snow	(une) neige = snow	
4. le temps	the weather	note: je n'ai pas le temps = I don't have the time	
5. une fois	once	deux fois = twice	
6. étudier	to study	apprendre = to learn	
7. (le) soleil	sun	il y a du soleil = it's sunny	(une) ombre = shade, (un) nuage = cloud
8. beaucoup	much ≠ a little, a bit	un tas de, la plupart des = most of	un petit peu
9. /(un) orage /(un) vent	/storm/wind		il fait beau = it's nice out
10. s'habiller	to get dressed		se déshabiller = to get undressed
11. aller se coucher	to go to bed ≠ to get up		se lever, se réveiller = to wake up
12. (une) chose	thing	(un) truc, machin = stuff	
13. je suis pressé	I'm in a hurry ≠ not in a hurry		j'ai tout mon temps
14. fumer	to smoke		
15. se laver	to get washed		
16. /manger/boire	/to eat/to drink	une boisson, un pot = a drink	
17. faire des courses	to go shopping	(une, des) courses) = errands	
18. /à l'école/au travail/à la maison/à l'hôtel /à huit heures du soir/aux États-Unis/à Paris	at school/at work /at home/at the hotel /at 8 p.m./in the United States/in Paris		

LEÇON 8

There are three groups of verbs in French: ER, IR and RE.

PRESENT — VERBS EN ER — PARLER

je parle	I speak/am speaking	**je ne parle pas**	I don't speak/ I'm not speaking.
tu parles	you speak	**tu ne parles pas**	you don't speak.
il **elle parle** **on**	he she speaks one	**il** **elle ne parle pas** **on**	he she doesn't speak. one
nous parlons	we speak	**nous ne parlons pas**	we don't speak
vous parlez	you speak	**vous ne parlez pas**	you don't speak
ils **elles parlent**	they speak	**ils** **elles ne parlent pas**	they don't speak

---

note: — The use of ON is extremely frequent. It can be translated by 'one', 'we', 'you' or 'they'.

— The French present is for:
1) an action one is doing now:
   Je parle maintenant = I'm speaking now.
2) a repeated action:
   Il parle souvent = He often speaks.
3) an action started in the past that still goes on (our present perfect):
   Vous parlez depuis une heure = you've been speaking for an hour.

EST-CE QUE VOUS PARLEZ SOUVENT FRANÇAIS? Do you often speak French?

Oui, je parle souvent français. Yes, I often speak French.
Non, je ne parle pas souvent francais. No, I don't often speak French.
français.

---

note: parle-je? — parles-tu? — parlons-nous? — parlez-vous?
parle-t-il? — parle-t-elle? — parlent-ils? — parlent-elles?
much less used than 'est-ce-que'

VERBES IRRÉGULIERS DU PREMIER GROUPE (présent)

ALLER = to go
je vais
nous allons
ils vont

COMMENCER = to begin
je commence
nous commençons
ils commencent

MANGER = to eat
je mange
nous mangeons
ils mangent

ENVOYER = to send
j'envoie
nous envoyons
ils envoient

ÉPELER = to spell
j'épèle
nous épelons
ils épèlent

PROTÉGER = to protect
je protège
nous protégeons
ils protègent

JETER = to throw
je jette
nous jetons
ils jettent

APPELER = to call
j'appelle
nous appelons
ils appellent

ACHETER = to buy
j'achète
nous achetons
ils achètent

MENER = to lead
je mène
nous menons
ils mènent

REPÉRER = to spot
je repère
nous repérons
ils repèrent

COMPLÉTER = to complete
je complète
nous complétons
ils complètent

ESPÉRER = to hope
j'espère
nous espérons
ils espèrent

SUGGÉRER = to suggest
je suggère
nous suggérons
ils suggèrent

RÉPÉTER = to repeat
je répète
nous répétons
ils répètent

PRÉFÉRER = to prefer
je préfère
nous préférons
ils préfèrent

PROJETER = to plan
je projette
nous projetons
ils projettent

translate:

1) We don't speak to each other often.
2) Does she usually go to the movies on Sundays?
3) Do they often work together with the boss?
4) Whose turn is it?
5) We're eating.
6) He doesn't listen to me any more.
7) You've been speaking for an hour.
8) We usually prefer to eat a lot at night.

put in the interrogative and then in the negative:

1) J'aime beaucoup ta jupe.
2) Nous travaillons souvent beaucoup le lundi.
3) J'achète peu de vêtements en hiver.
4) Il complète la leçon aujourd'hui.
5) Tu travailles trop tôt le matin.
6) Vous écoutez plus ou moins le professeur.
7) D'habitude, on répète souvent les questions.
8) Nous commençons à l'heure aujourd'hui.
9) Il montre son devoir au professeur.
10) Elles vont au bureau tous les jours.
11) Il aime bien son chien.
12) Ce type adore sa nana.
13) Je bosse à peine l'après-midi.
14) Il m'aide souvent à faire mon devoir.
15) Vous étudiez depuis une heure.
16) Nous travaillons maintenant.
17) Je bosse à Paris depuis un an.
18) Je vous écoute.
19) On espère venir bientôt.
20) La voiture marche bien.

ne . . . plus	Il **ne** parle **plus.**	= He doesn't speak any more.
ne . . . jamais	Il **ne** parle **jamais.**	= He never speaks.
ne . . . que	Il **ne** parle **que** français.	= He only speaks French.
ne . . . pas encore	Il **n'est pas encore** là.	= He isn't here yet.
encore, toujours	Il **parle encore/toujours.**	= He's still speaking.
ne . . . rien	Il **ne** me donne **rien.**	= He doesn't give me anything.
ne . . . personne	Il **ne** parle à **personne.**	= He isn't speaking to anyone.

translate, then put in the interrogative:

1) We still work early in the morning.
2) The bastard doesn't speak to anyone.
3) He never listens to me.
4) You're eating too much.
5) You've been eating for an hour.
6) She only speaks English.
7) We wish to go with you.
8) You've been smoking for an hour.
9) They're working with the boss.
10) She only buys soft sweaters.
11) He's still studying French.
12) He's been studying French for three years.
13) I adore my guy.
14) We never go to the movies at night.
15) They only go to the movies once a month.
16) You've been repeating the same thing for an hour.
17) He prefers to come on time in any case.
18) I'm sending the money today.

QUI? = WHO? − (WHOM?)	QUE? = WHAT?
Qui parle? = Who's speaking?	**Que mangez-vous?** = What are you eating?
Qui attends-tu? = Who are you waiting for?	**Que dites-vous?** = What do you say?

translate:

1) What are you smoking?
2) Who's working?
3) What is she buying?
4) What do you hope to do?
5) Who's talking with your broad?
6) Whom do you love?
7) What work are we beginning?

À + . . . = TO		
a + le = au	**Je parle au garçon.**	I speak/am speaking to the boy.
a + la	**Je parle à la dame.**	I'm speaking to the woman.
à + les = aux	**Je parle aux filles.**	I'm speaking to the gals.

note: − Parler à = to speak to. Penser à = to think about, of.
      − Montrer à = to show to. Envoyer à = to send to.

fill in:

1) Le professeur parle . . . élèves.
2) Je pense . . . vous.
3) Elle envoie son bouquin . . . secrétaire du patron.
4) Nous montrons les animaux . . . enfants.
5) Est-ce que vous pensez . . . nana?
6) Je parle . . . patron.
7) Nous envoyons des vêtements . . . gosses.
8) Est-ce que tu parles souvent . . . filles?

VOCABULAIRE

	traduction	synonyme-associé	contraire-associé
1. chaque (jour)	every(day)	tous les jours; tout le monde = everyone = each one	all = tout, tous
2. – à Paris **– dans mon bureau** **– dans ma chambre** **– dans une heure**	– in Paris – in my office – in my room – in an hour		
3. certain	certain, sure	sûr	douteux = doubtful
4. ne . . . plus	not . . . any more		encore = still
5. vouloir	to want	souhaiter = to wish	
6. aimer bien	to like	aimer = to love, adorer = to adore, être dingue de/fou de = to be crazy about	haïr = to hate, je ne peux pas supporter = I can't stand
7. montrer à	to show to		
8. écouter	to listen to		
9. attendre	to wait for	je vous attends = I'm waiting for you	
10. travailler	to work	bosser	ne rien faire = to do nothing
11. à l'heure	on time ≠ late	tôt = early	en retard, tard
12. heureux	happy ≠ sad	content = glad	triste
13. salaud	bastard ≠ bitch		salope
14. la fin	the end ≠ the beginning		le début
15. intéressant	interesting ≠ boring	passionnant	ennuyeux, rasoir = a drag
16. à qui le tour?	Whose turn is it?		
17. aider	to help		
18. marcher	/to walk/to work	/se promener = to go for a walk/ça ne marche pas = it doesn't work	

LEÇON 9

PRESENT — VERBS EN IR — FINIR

je finis	I finish/am finishing	**je ne finis pas**	I don't finish/am not finishing
tu finis	you finish	**tu ne finis pas**	you don't finish
il **elle finit** **on**	he she finishes one	**il** **elle ne finit pas** **on**	he she doesn't finish one
nous finissons	we finish	**nous ne finissons pas**	we don't finish
vous finissez	you finish	**vous ne finissez pas**	you don't finish
ils **elles finissent**	they finish	**ils** **elles ne finissent pas**	they don't finish

note: — Remember the French present is also for a past action which still goes on: They've been eating for an hour = Ils mangent depuis une heure.
— There are very few verbs in this group. Some of them are: **choisir** = to choose; **bâtir** = to build; **grossir** = to gain weight; **maigrir** = to lose weight.

EST-CE QU'ON FINIT TOUS LES JOURS TARD?

Do you finish late everyday?

Oui, on finit tous les jours tard.

Yes, we finish late everyday.

Non, on ne finit pas tour les jours tard.

No, we don't finish late everyday.

translate:

1) Are you finishing your sandwich?
2) She's been losing weight for years.
3) They're finishing their homework.
4) What are you telling me?
5) She's choosing from the menu.
6) They're building new houses near Paris.

INTERROGATIVE FORM

QUI? = who?

Qui dit ça? = Who says that?
Qui vois-tu? = Who do you see?

QUE? = what?

Que manges-tu? = What are you eating?

RELATIVE PRONOUN – SUBJECT	RELATIVE PRONOUN – DIRECT OBJECT
QUI = who, which, that	**QUE** = who(m), which, that
l'homme qui est là = the man who's there	**l'homme que je vois** = the man who(m) I see
la voiture qui est dans la rue = the car which/that is in the street	**le livre que vous lisez** = the book which/that you're reading

note: QUE in front of a vowel becomes QU' → qu'il
→ qu'elle.

Que regardez-vous?	=	What are you looking at?
Qui regardez-vous?	=	Who are you looking at?
Qui vous regarde?	=	Who is looking at you?
Que dites-vous?	=	What are you saying?
Qui dit ça?	=	Who says that?
Que cherchez-vous?	=	What are you looking for?
Qui vous cherche?	=	Who's looking for you?
le prix que nous payons	=	the price (that) we pay
le prix qu'ils veulent	=	the price (that) they want

put **qui** or **que**:

1) Le type . . . je cherche est sympa.
2) La nana . . . mange son petit déjeuner est rasoir.
3) La viande . . . est sur la table n'est plus bonne.
4) Nous finissons la bouteille . . . est là.
5) Je choisis le repas . . . est bon marché.
6) Ils ne finissent pas toujours les verres . . . ils aiment.
7) Les repas . . . elle adore sont chers.
8) La voiture . . . vous achetez est trop petite.
9) Le professeur . . . j'ai est bon.
10) La femme . . . boit est la secrétaire du patron.
11) Les gosses . . . travaillent dans la pièce sont à elle.
12) La serviette . . . est sur la chaise est la sienne.
13) Les couteaux . . . tu achètes sont trop chers.
14) L'homme à . . . vous parlez est ennuyeux.

translate:

1) The men who work too much are unhappy.
2) The bastard who is looking for you is ugly.
3) The car which you're buying is too expensive.
4) The meat which you're eating is bad.
5) The price you're paying is not cheap.
6) The woman whom he's speaking to is my broad.
7) The sandwich you're tasting is mine.
8) Who are you looking for?
9) What is she looking at?
10) The child you're looking at is theirs.
11) The waitress who is speaking to him is intelligent.
12) The knife which you're buying is an old one.
13) The work which we're doing is boring.
14) The bitch who is with him is silly.

VOCABULAIRE

	traduction	synonyme-associé	contraire-associé
1. cher	expensive	qui a de la valeur = valuable	bon marché = cheap
2. parler à	to speak to		
3. – à pied/– à la radio/– en vacances	– on foot/– on the radio/– on vacation	en métro = by underground (US subway)	
4. maintenant	now, at present	en ce moment, pour le moment = for the time being	
5. pour	for, to		
6. (un) repas	meal	(un) sandwich = sandwich	
7. /(un) petit déjeuner/(un) déjeuner	/breakfast/lunch	l'heure du déjeuner = lunchtime, dîner = supper	
8. goûter	to taste	servez-vous = help yourself	
9. /(un) couteau /(une) fourchette /(une) cuillère /(une) serviette	/knife/fork/spoon /napkin	cuillère à café = coffee spoon	
10. il faut que je . . .	I have to . . .	je dois = I must	
11. dire	to say	raconter = to tell	
12. (un) restaurant	restaurant	(un) menu = menu	
13. /commander /(un) garçon	to order/waiter	(une) serveuse = waitress	
14. /(une) tasse/(un) verre/l'eau/(une) carafe d'eau	/cup/glass/water /drinking water	eau du robinet = tap water, (une) soucoupe = saucer, (une) bouteille = bottle	
15. (du) pain/(du) beurre	/(some) bread /butter	(un, du) pain grillé = toast	
16. (une) viande	meat	(un) steak	
17. (une) assiette	plate	(un) plat = dish	

51

LEÇON 10

PRESENT — VERBES EN RE — VENDRE

je vends	I sell/am selling	**je ne vends pas**	I don't sell/ am not selling
tu vends	you sell	**tu ne vends pas**	you don't sell
il	he	**il**	he
elle vend	she sells	**elle ne vend pas**	she doesn't sell
on	one	**on**	one
nous vendons	we sell	**nous ne vendons pas**	we don't sell
vous vendez	you sell	**vous ne vendez pas**	you don't sell
ils		**ils**	
elles **vendent**	they sell	**elles** **ne vendent pas**	they don't sell

note: — I've been selling cars for ten years = Je vends des voitures depuis dix ans.
— Included in the third group are: —RE, —AIRE, —OIR, —IR (some of them).

EST-CE QUE VOUS VENDEZ DU LAIT? Do you sell milk?

Oui, je vends du lait. Yes, I sell milk.
Non, je ne vends pas de lait. No, I don't sell milk.

---

note: Remember that after a negative, you put DE and not 'des', 'du', 'de la'.

translate:

1) What would you care for?
2) They don't sell cakes.
3) How much is it?
4) I'm starving. I'm full.
5) He doesn't live in Paris any more.
6) She never goes out on Sundays.
7) I only see one man in the street.
8) We've been taking French lessons for a year.

VERBES DU TROISIÈME GROUPE

PARTIR = to leave
je pars
nous partons
ils partent

CONDUIRE = to drive
je connduis
nous conduisons
ils conduisent

ÉCRIRE = to write
j'écris
nous écrivons
ils écrivent

COURIR = to run
je cours
nous courons
ils courent

COUDRE = to sew
je couds
nous cousons
ils cousent

PRÉVENIR = to warn
je préviens
nous prévenons
ils préviennent

APPARTENIR = to belong
j'appartiens
nous appartenons
ils appartiennent

SORTIR = to go out
je sors
nous sortons
ils sortent

INTERDIRE = to forbid
j'interdis
nous interdisons
ils interdisent

OUVRIR = to open
j'ouvre
nous ouvrons
ils ouvrent

RIRE = to laugh
je ris
nous rions
ils rient

SENTIR = to feel
je sens
nous sentons
ils sentent

RÉPONDRE = to answer
je réponds
nous répondons
ils répondent

NAÎTRE = to be born
je nais
nous naissons
ils naissent

CONNAÎTRE = to know
je connais
nous connaissons
ils connaissent

RECONNAÎTRE = to recognize
je reconnais
nous reconnaissons
ils reconnaissent

PARAÎTRE = to look like
je parais
nous paraissons
ils paraissent

FAIRE = to do, to make
je fais
nous faisons, vous faites
ils font

SUIVRE = to follow
je suis
nous suivons
ils suivent

VIVRE = to live
je vis
nous vivons
ils vivent

CONVAINCRE = to convince
je convaincs
nous convainquons
ils convainquent

VERBES IRRÉGULIERS DU TROISIÈME GROUPE (présent)

PRENDRE = to take
je pren**ds**
nous pren**ons**
ils prenn**ent**

ENTENDRE = to hear
j'enten**ds**
nous entend**ons**
ils entend**ent**

COMPRENDRE = to understand
je compren**ds**
nous compren**ons**
ils comprenn**ent**

ATTEINDRE = to reach
j'att**eins**
nous atteign**ons**
ils atteign**ent**

VOIR = to see
je v**ois**
nous voy**ons**
ils v**oient**

SAVOIR = to know
je s**ais**
nous sav**ons**
ils sav**ent**

POUVOIR = can
je p**eux**
nous pouv**ons**
ils p**euvent**

VOULOIR = to want
je v**eux**
nous voul**ons**
ils v**eulent**

S'ASSEOIR = to sit
je m'ass**ieds** = ass**ois**
nous nous assey**ons**
ils s'assey**ent** = ass**oient**

BOIRE = to drink
je b**ois**
nous buv**ons**
ils b**oivent**

DÉCEVOIR = to disappoint
je déç**ois**
nous décev**ons**
ils déç**oivent**

RECEVOIR = to receive
je reç**ois**
nous recev**ons**
ils reç**oivent**

VALOIR = to be worth
je v**aux**
nous val**ons**
ils val**ent**

METTRE = to put
je me**ts**
nous mett**ons**
ils mett**ent**

PERMETTRE = to permit
je perme**ts**
nous permett**ons**
ils permett**ent**

BATTRE = to beat
je ba**ts**
nous batt**ons**
ils batt**ent**

COMBATTRE = to fight
je comba**ts**
nous combatt**ons**
ils combatt**ent**

DIRE = to say
je d**is**
nous dis**ons**, vous d**ites**
ils dis**ent**

LIRE = to read
je l**is**
nous lis**ons**
ils lis**ent**

OBTENIR = to get
j'obt**iens**
nous obten**ons**
ils obt**iennent**

VENIR = to come
je v**iens**
nous ven**ons**
ils v**iennent**

DEVENIR = to become
je dev**iens**
nous deven**ons**
ils dev**iennent**

TENIR = to hold
je t**iens**
nous ten**ons**
ils t**iennent**

CONVENIR = to suit
je conv**iens**
nous conven**ons**
ils conv**iennent**

revision (review)/à revoir:

I <u>don't</u> live there <u>any more.</u>	**Je <u>ne</u> vis <u>plus</u> là.**
I <u>don't</u> sell <u>anything.</u>	**Je <u>ne</u> vends <u>rien.</u>**
I <u>only</u> sell cars.	**Je <u>ne</u> vends <u>que</u> des voitures.**
We <u>never</u> live together.	**Nous <u>ne</u> vivons <u>jamais</u> ensemble.**
I <u>don't</u> hear <u>anybody.</u>	**Je <u>n</u>'entends <u>personne.</u>**

translate, then put in the interrogative:

1) Ils ne prennent jamais le métro le samedi tous seuls.
2) On ne vend plus de fromage ici.
3) Elle ne mange jamais d'œufs au bacon.
4) Tu bois ce lait depuis vingt minutes.
5) Il ne veut plus manger de haricots verts.
6) Elle sait ça depuis un an.
7) Je ne vois personne.
8) Il vient avec le vin.
9) Nous ne mangeons jamais de poisson.
10) Je ne veux qu'un café.
11) La serveuse met trop de poivre sur la viande.
12) Je ne veux plus répondre à la question.
13) Je n'ai plus faim.
14) Nous ne mangeons que des frites dans ce restaurant.
15) Nous ne pouvons plus bosser le soir.
16) Je n'aime que la viande saignante.
17) Le serveur ne veut que son pourboire.
18) Je le connais déjà depuis longtemps.
19) Il ne comprend jamais la première fois.
20) Je ne bois que deux scotches avec de la glace.
21) Elle ne dit plus bonjour.
22) Je n'obtiens jamais rien.

translate:

1) He is still in the restaurant.
2) I don't like the flavour of the ice cream.
3) Do you hear anyone?
4) It's only worth a little.
5) I see only one man who is eating.
6) We never do interesting work.
7) They don't live in New York any more.
8) She isn't buying anything.
9) We've been eating for an hour.
10) We're having chicken for lunch today.
11) Why aren't you saying anything?
12) She's been reading the book for a week.
13) He doesn't drink any more.
14) We're taking French lessons this year.
15) We've been taking Spanish lessons for five years.
16) He's beaten his wife for five years.
17) I don't understand anything any more.
18) I only know two broads there.
19) I'm working a lot in order to finish early.
20) She goes to New York from time to time, but he doesn't go any more.
21) In spite of the bad weather, we're going to the restaurant.
22) We're about to get new jobs.
23) I love him, but perhaps he is a bastard.
24) He only sells cars.
25) He's been selling cars for five years.
26) I've been coming to this restaurant since the summer.
27) I want tea instead of coffee, but only one cup.
28) She is beautiful, but on the other hand she is a bitch.

FALLOIR, DEVOIR, ÊTRE OBLIGÉ DE	=	HAVE TO, MUST
il faut aller		I have to go
je dois aller		
je suis obligé d'aller		I must go

note: DEVOIR also means 'to owe'.

DEVOIR =	TO HAVE TO, MUST		
je dois	I have to/I must	**nous devons**	we have to/must
tu dois	you have to/must	**vous devez**	you have to/must
il	he	**ils**	
elle doit	she has to/must	**elles doivent**	they have to/must
on	one		

translate:

1) Il faut venir à l'heure ce soir.
2) On est obligé de partir tout de suite.
3) Elle doit manger toute seule.
4) Vous devez écrire au directeur.
5) Nous devons partir immédiatement.
6) We have to see that movie.
7) You must give a tip.
8) They have to eat in the restaurant in spite of the price.
9) I must ask a question.
10) Do you have to leave now?

ADVERBES ET LOCUTIONS 2

1. **tout seul**	alone	13. **exactement**	exactly
2. **environ**	about, around	14. — **pour**	— to
3. **entre**	between	— **afin de**	— in order to
4. **enfin**	at last	15. **sur le point de**	about to
5. **en attendant**	in the meantime	16. **même avant**	even before
6. **peut-être**	perhaps	17. — **tout-à-coup**	— all of a sudden
7. **malgré**	in spite of	— **soudain**	— suddenly
8. **au lieu de**	instead of	18. — **d'un autre**	— on the other
9. — **de temps à**	— from time to	**côté**	hand
autre	time	— **par contre**	
— **de temps en**		19. — **tout de suite**	— at once
temps		— **immédiate-**	— immediately
— **parfois**	— sometimes	**ment**	
10. — **donc**	— thus	20. **sinon**	otherwise
— **alors**	— so	21. **vers**	towards
— **et puis**	— therefore	22. — **afin que**	so that
11. **cependant**	however	— **pour que**	
12. — **bien que**	although	23. **tout d'abord**	at first
— **quoique**		24. **pas encore**	not yet

VOCABULAIRE

	traduction	synonyme-associé	contraire-associé
1. **je cale**	I'm stuffed ≠ I'm hungry	j'ai assez mangé = I'm full	j'ai faim, je suis affamé, je meurs de faim = I'm starving
2. **(le) sel**	salt	(une, des) épices = spices	(le) poivre = pepper
3. **/(un) poulet /(un) veau**	/chicken/veal		
4. **saignant**	rare ≠ well done	bleu = very rare	bien cuit, à point = medium
5. **/(un) agneau /(un) poisson**	/lamb/fish	fruits de mer = seafood	
6. **(une) pomme de terre**	potato	(des) frites = French fries	
7. **(un) potage**	soup	(une) soupe	
8. **/(une) laitue /(une) tomate**	/lettuce/tomato	(une) salade = salad	
9. **Combien est-ce? /(le) prix**	/How much is it? /price	Combien ça coûte?	gratuit = free
10. **/(un) gâteau /(un) dessert**	/cake/dessert	(une) glace = ice cream, (un) parfum = flavour	
11. **/(une) addition /(un) pourboire**	/bill/tip	service compris = tip included	
12. **/(le) thé/(le) café**	/tea/coffee	(le) lait = milk	
13. **avec de la glace**	with ice		sec = straight note: sec also means dry
14. **(un, des) œufs au bacon**	eggs and bacon	(le) jambon = ham	
15. **(un) fromage**	cheese	(le) vin = wine	
16. **/(un, des) légumes/(un, des) petits pois**	/vegetables/peas	(une, des) carottes = carrots, (des) haricots verts = runner (US string) beans	
17. **Qu'est-ce qui vous ferait plaisir?**	What would you care for?	De quoi avez-vous envie?	j'ai envie d'un café = I feel like a coffee

LEÇON 11

DIRECT OBJECT PRONOUNS

subject		object
je I	→	**me** me
tu you	→	**te** you
il he, it	→	**le** him, it
elle she, it	→	**la** her, it
on one, we, you, they		
nous we	→	**nous** us
vous you	→	**vous** you
ils/elles they	→	**les** them

This answers the question:

WHO(M)? = **QUI?**

note: — ON can be tricky to translate —
sometimes, it's you, sometimes
we or one, etc.
— 'Me', 'te', 'le', become m̲', t̲', l̲' before
a vowel, e.g. je l'entends = I hear him.

EST-CE QUE VOUS ME VOYEZ? Do you see me?

Oui, je vous vois. Yes, I see you.
Non, je ne vous vois pas. No, I don't see you.

I see <u>me</u>.	**Je <u>me</u> vois.**
I see <u>you</u>.	**Je <u>te/vous</u> vois.**
I see <u>him/it</u>.	**Je <u>le</u> vois.**
One sees <u>her</u>.	**On <u>la</u> voit.**
I see <u>her</u>.	**Je <u>la</u> vois.**
I see <u>us</u>.	**Je <u>nous</u> vois.**
I see <u>them</u>.	**Je <u>les</u> vois.**

NEGATIVE	
Je ne me vois pas.	I don't see me.
Je ne te vois pas.	I don't see you.
Je ne le vois pas.	I don't see him.
Je ne la vois pas.	I don't see her.
Je ne nous vois pas.	I don't see us.
Je ne vous vois pas.	I don't see you.
Je ne les vois pas.	I don't see them.

translate:

1) It's up to you.
2) I see them.
3) She wants it.
4) We hear you.
5) Hurry up!
6) I feel you're wrong.
7) We're eating it.
8) Do you get me?

put the correct pronoun instead of the noun:
e.g. Je vois ce chien.
    — Je le vois.

1)   Je ne comprends pas cette leçon.
2)   Ils n'habitent pas cet appartement.
3)   Je ne connais pas bien ces gens.
4)   Nous ne voyons pas souvent les films de ce type.
5)   Ils ne mettent pas cette moquette dans leur appartement.
6)   Est-ce que vous comprenez le professeur?
7)   Elle ne connait pas cette femme.
8)   Nous pouvons acheter ce vieux fauteuil.
9)   Je mange du fromage tous les jours.
10) Vous faites entrer cette dame dans mon bureau.
11) Je dois aller acheter des légumes pour le dîner.
12) Je peux voir mon professeur pendant une heure.
13) Elle attend souvent Pierre et moi après la leçon.
14) J'aime ces gateaux.
15) Je vois souvent votre frère et vous au cinéma.
16) Elle emprunte de temps en temps mon manteau.
17) Nous démarrons la leçon par un test.
18) Nous apprenons les verbes.
19) Il achète une voiture la semaine prochaine.
20) Nous prenons un avion à huit heures du soir.
21) Ils ouvrent la porte toutes les dix minutes.
22) Ils font bien leur travail.
23) Je ne reconnais pas la femme.
24) Vous mettez six livres sur la table.
25) Il connait la réponse.
26) Elles lisent les nouveaux bouquins.
27) Nous buvons du bon café.
28) Le professeur ne déçoit pas souvent les élèves.

translate:

1) ! don't like this hard cake and I don't want it.
2) I can see them with the director.
3) We can't hear you.
4) I'm not sending it.
5) The teacher is boring and we don't often listen to him.
6) He must make his bed.
7) You have to go upstairs to find it.
8) This diamond is expensive but I really like it.
9) They don't like us.
10) It's the same as mine.
11) The lesson is too difficult and we don't understand it. .
12) You can see them in the street.
13) I know this woman but I don't like her.
14) Do you recognize them?
15) Do you want it for Monday?
16) She wears casual clothes and she likes them.
17) They live in the rooms at the top.
18) I know many interesting things.
19) The students often disappoint the teacher, but he likes them.
20) Do you beat your wife from time to time? No, I never beat her.
21) I'm taking the underground. Are you taking it?
22) She only likes expensive fur coats but she never buys them.
23) We only eat two meals a day.
24) I'm buying a house, but my guy doesn't like it.
25) The lesson's beginning. Do you find it difficult?
26) The word is difficult. I can't spell it.
27) The work is rather long. I don't want to do it.
28) The book's hard but I must complete it.

CONTRAIRES 3

1. **je suis heureux**
   I'm happy
   ≠ **triste**
   sad

2. **Harry est grand**
   Harry's tall
   ≠ **petit**
   small

3. **c'est le même que le mien**
   it's the same as mine
   ≠ **différent de**
   different from

4. **le gâteau est dur**
   the cake's hard
   ≠ **doux/mou**
   soft

5. **le linge est sec**
   the laundry's dry
   ≠ **mouillé**
   wet

6. **il est venu avant**
   he came before
   ≠ **après**
   after

7. **un manteau de fourrure coûte cher**
   a fur coat is expensive
   ≠ **bon marché**
   cheap

8. **l'eau est profonde**
   the water's deep
   ≠ **peu profonde**
   shallow

9. **les pièces du haut**
   the rooms on top
   ≠ **du bas**
   bottom

10. **je suis en haut**
    I'm upstairs
    ≠ **en bas**
    downstairs

11. **ma voiture est vieille**
    my car's old
    ≠ **neuve**
    new

12. **la réponse est vraie**
    the answer's true/so
    ≠ **fausse**
    false

13. **mon diamant est vrai**
    my diamond's real
    ≠ **faux/bidon**
    fake/phony

14. **Je travaille à mi-temps**
    I work part-time
    ≠ **à plein temps**
    full-time

15. **il porte des vêtements habillés**
    he wears formal clothes
    ≠ **sport**
    casual

16. **la soirée est habillée**
    the party is formal
    ≠ **sans façon**
    casual

64

17. **ne soyez pas grossier/impoli** ≠ **poli**
don't be rude polite

18. **son travail est soigné** ≠ **sans soin**
his work is careful careless

19. **mon frère est gentil** ≠ **méchant**
my brother's kind mean

20. **le cinéma est plein/bondé** ≠ **vide/pas un chat**
the movie is crowded empty/not a soul

21. **intelligent** ≠ **stupide/bête**
bright stupid/dumb

22. **ma chambre est en désordre** ≠ **rangée**
my room's sloppy neat

23. **commencer, démarrer** ≠ **finir, arrêter**
to start, to begin to finish, to stop

24. **enseigner** ≠ **apprendre**
to teach to learn

25. **emprunter** ≠ **prêter**
to borrow to lend

26. **fermer** ≠ **ouvrir**
to close, to shut to open

27. **donner** ≠ **prendre**
to give to take

28. **il est à l'aise** ≠ **fauché**
he's well off broke

VOCABULAIRE

	traduction	synonyme-associé	contraire-associé
1. (une) chambre à coucher	bedroom	faire son lit = to make one's bed	
2. /(une) salle de séjour/(une) salle à manger	/living room /dining room	(un) salon = drawing room, (une) pièce = room	
3. (une) cuisine	kitchen	(une) poêle = pan, une casserole = a pot	
4. /(une) salle de bain/(un) évier/ (un) lavabo	/bathroom/sink/ /washbasin	le petit coin = the John = les toilettes, le W.C.	
5. /(une) moquette /(un, des) rideaux	/rug/curtains	(un) tapis = carpet	
6. en bas	downstairs		en haut = upstairs
7. /(un) appartement/(une) maison	/apartment/house	(un, des) meubles = furniture	
8. (une) lampe	lamp	(une) ampoule = bulb, (une) lumière = light	
9. — je me sens bien	— I feel good		
— je trouve, je pense que vous avez tort	— I feel you're wrong		
10. (une) rue	street	(une) route = road	
11. (un) ascenseur	lift, elevator	(un) escalier = stairs	
12. à l'aise	comfortable	confortable	inconfortable = uncomfortable
13. (un) étage	floor	par terre = on the floor, (le) sol = ground	le plafond = the ceiling
14. cela dépend de vous	it depends on you		
15. Dépêchez-vous!	Hurry up!		prenez votre temps
16. (un) placard	cupboard (US closet)	(une) étagère = shelf	

LEÇON 12

SUBJECT	DIRECT OBJECT	INDIRECT OBJECT
je → I	**me** me →	**me, moi** (to) me
tu → you	**te** you →	**te, toi** (to) you
il → he, it	**le** him, it →	**lui** (to) him, it
elle → she, it	**la** her, it →	**lui, elle** (to) her, it
on one, you, we		
nous → we	**nous** us →	**nous** (to) us
vous → you	**vous** you →	**vous** (to) you
ils/elles → they	**les** them →	**leur, (à) eux, (à) elles** (to) them

note: — These indirect pronouns don't exist in English and are a true
problem.
— Whenever 'to' is said or implied in English, you must use these in
French.
— MOI, TOI, à EUX, à ELLES are used for stress, after prepositions,
in comparisons, and with CE + to be: — c'est moi = it's me
— c'est eux = it's them
— c'est sa voiture à elle = it's
her car.

EST-CE QUE VOUS LUI PARLEZ SOUVENT?	Do you often speak to him/her?
Oui, je lui parle souvent.	Yes, I often speak to him/her.
Non, je ne lui parle pas souvent.	No, I don't often speak to him/her

note: LUI means either 'to him' or 'to her'.

67

Je me parle.	I'm speaking to me.
Je te parle.	I'm speaking to you.
Je lui parle.	I'm speaking to him/her.
Je nous parle.	I'm speaking to us.
Je vous parle.	I'm speaking to you.
Je leur parle.	I'm speaking to them.

note: Je me parle à moi! = I'm speaking to myself! This can be used for emphasis.

NEGATIVE	
Je ne me parle pas.	I'm not speaking to me.
Je ne te parle pas.	I'm not speaking to you.
Je ne lui parle pas.	I'm not speaking to him/her.
Je ne nous parle pas.	I'm not speaking to us.
Je ne vous parle pas.	I'm not speaking to you.
Je ne leur parle pas.	I'm not speaking to them.

translate:

1) I often speak to her but not to him.
2) These books don't belong to the boss, they belong to me.
3) My mother-in-law doesn't write to us often.
4) I love my parents and I often think of them.
5) He's giving me his last book.
6) They're always telling us their problems.
7) We don't see you enough.
8) I never speak to him.

VERBS FOLLOWED BY À

donner à = to give to	**penser à** = to think of
s'intéresser à = to be interested in	**dire à** = to say to
appartenir à = to belong to	**écrire à** = to write to
expliquer à = to explain to	**s'attendre à** = to expect

Je lui écris.	I'm writing to her/to him.
Ça leur appartient.	It belongs to them.
Il lui donne un livre.	He's giving a book to her/to him.
Elle lui explique le problème.	She's explaining the problem to her/to him.
Elle leur dit le problème.	She's telling them the problem.
Il lui donne tout.	He gives her anything.

put in the negative, then in the interrogative:

1) Je le lui écris de temps à autre.
2) Je lui dis de le faire.
3) Vous lui donnez le temps de travailler.
4) Ils nous expliquent le problème.
5) Cela m'appartient.
6) Tu ne la comprends jamais.
7) Vous nous voyez trop.
8) On pense beaucoup à toi.
9) Je le trouve intéressant.
10) La famille la trouve trop sotte.
11) Ta sœur lui donne tout.
12) Leur maison leur appartient.
13) Votre mari me déçoit beaucoup.
14) Mon oncle te dit des choses bêtes.
15) Les gens ne lui parlent pas.

insert the correct pronoun:

1) Je ne peux . . . (le, lui) voir qu'une fois par semaine.
2) Vous devez tout . . . (ils, eux, leur) dire.
3) Dites . . . (le, lui) d'acheter un vélo.
4) Malgré cela, je . . . (la, lui) dis.
5) (Il, Le, Lui) . . . doit le faire tout seul.
6) Je dois . . . (le, lui) laisser seul ce soir.
7) Pouvez-vous . . . (eux, leur) écrire tout de suite?
8) Dois-tu . . . (le, lui) demander maintenant?
9) Tu . . . (la, lui, elle) connais peut-être.
10) J'ai peur d' . . . (leur, ils, eux).
11) Je le . . . (elles, leur) donne.
12) Prêtez- . . . (me, je, moi) de l'argent.
13) Dites- . . . (le, il, lui) de venir plus tôt.
14) Appelez- . . . (je, me, moi) la secrétaire du patron.

translate, then put in the negative:

1) I know his mother. Do you know her?
2) Fortunately, the maid does the housework.
3) Her husband speaks to his in-laws. Do you speak to them?
4) You're explaining it to me.
5) I'm still thinking about him. What about you?
6) The car belongs to me.
7) She tells them all her problems.
8) He's giving her a nice sweater. What are you giving her?
9) I've been working for a long time. Are you still working?
10) He often thinks of his wife.
11) Do you often speak to her? I hardly ever speak to her.
12) He is strange, but in spite of that I like him.
13) Who does that house belong to?
14) I see him every day.

VOCABULAIRE

	traduction	synonyme-associé	contraire-associé
1. même	even	même moi = even me	
2. si	if	si oui ou non = whether or not	
3. (une) mère	mother		(un) père = father
4. (une) sœur	sister		(un) frère = brother
5. (une) belle-mère	mother-in-law	beaux-parents = in-laws	(un) beau-père = father-in-law
6. (une) nièce	niece	(une) tante = aunt, (un) oncle = uncle	(un) neveu = nephew
7. /(un) grand-père/(un) petit fils	/grandfather /grandson	petit-enfant = grand-child	grand-mère = grandmother
8. (un) mari	husband		(une) femme = wife
9. (un) fils	son ≠ daughter	parents = parents	(une) fille
10. célibataire	single ≠ married	fiancé = engaged	marié
11. (une) famille	family	des parents = relatives	
12. (une) personne	person	les gens = people	.
13. par exemple	for instance		
14. gentil	nice ≠ mean	juste = fair	méchant
15. faire le ménage	to do the housework	(une) femme d'intérieur = housewife	
16. pendant	for	durant = during	
17. étrange	strange, bizarre	curieux, bizarre	
18. heureusement	fortunately ≠ unfortunately	par chance = luckily	malheureusement
19. (une) bonne	maid	(une) femme de ménage	
20. tant pis	too bad ≠ all the better		tant mieux

LEÇON 13

DU, DE LA, DES = SOME, ANY

	du vin			**de** vin
je bois.	**de la** bière	**mais**	je ne bois pas	**de** bière
	de l'eau			**d'**eau

= I drink/ am drinking	(some) wine (some) beer (some) water	= I don't drink/ am not drinking	(any) wine (any) beer (any) water

note: — 'Some' and 'any' can be optional in English, but the articles are obligatory in French.

— Remember, use DE or D' following a negative.

EN = SOME, ANY

AVEZ-VOUS DE L'ARGENT?	Have you (some) money?
Oui, j'en ai.	Yes, I have. (some)
Non, je n'en ai pas.	No, I don't have any.

note: EN is much used in French as a pronoun: He has some books = Il a des livres. He has some = Il en a.

à revoir:

AVEZ-VOUS DES CIGARETTES?	Have you cigarettes?
Oui, nous en avons.	Yes, we have (some).
Non, nous n'en avons pas.	No, we don't have any.
Oui, nous avons des cigarettes.	Yes, we have (some) cigarettes.
Non, nous n'avons pas de cigarettes.	No, we don't have (any) cigarettes.

note: — EN as a pronoun is used often.
— Remember after a negative, DES becomes DE.

UN PEU DE	=	A LITTLE, SOME
J'ai un peu d'argent.	=	I have $\begin{smallmatrix}\text{some}\\\text{a little}\end{smallmatrix}$ money.
L'argent? — J'en ai un peu.	=	Money? —I have $\begin{smallmatrix}\text{some.}\\\text{a little}\end{smallmatrix}$

translate:

1) You're kidding!
2) I don't have any cigarettes. Do you have any?
3) Do you need some money? —Yes, I need some.
4) I'm lacking time.
5) Coffee? —I have a little.
6) They have some newspapers.
7) How often do you gamble?
8) Since when have you been working here?

QUELQUES	= A FEW, SOME
Il a **quelques** livres.	He has $\begin{array}{l}\text{a few}\\ \text{some}\end{array}$ books.

AVOIR L'HABITUDE DE	= TO BE USED TO
AVEZ-VOUS L'HABITUDE DE BOIRE DU VIN?	Are you used to drinking wine?
Oui, j'en ai l'habitude.	Yes, I'm used to it.
Non, je n'en ai pas l'habitude.	No, I'm not used to it.
Oui, j'ai l'habitude de boire du vin.	Yes, I'm used to drinking wine.
Non, je n'ai pas l'habitude de boire du vin.	No, I'm not used to drinking wine.

AVOIR BESOIN DE	= TO NEED
AVEZ-VOUS BESOIN D'ARGENT?	Do you need (some) money?
Oui, j'en ai besoin.	Yes, I need some.
Non, je n'en ai pas besoin.	No, I don't need any.

translate, then answer in the affirmative and in the negative with **EN**:

1) Do you want some coffee?
2) Does she need money?
3) Do we know some people here?
4) Are they short of time?
5) Do you want to drink wine?
6) Do you sometimes eat runner (string) beans?
7) Do you drink a lot of beer?
8) Do the students need another lesson?
9) Are you talking about her problems?
10) Is he used to eating meat?
11) Does he need a new apartment?
12) Do you sell cars?
13) Do they get any tips?
14) Does your mother often buy cakes?
15) Do you take any English lessons?
16) Is she speaking about the film?
17) Have they a lot of sweaters?
18) Does he know any broads?
19) Do you know a lot of people?
20) Are you reading any interesting books?
21) Do we need all these magazines?
22) Do they have some work to do today?
23) Is she used to smoking a lot?
24) Are you short of money?
25) Am I afraid of their dogs?
26) Do you have some money to lend me?
27) Does he need a new car?
28) Do you want some toast?

VOCABULAIRE

	traduction	synonyme-associé	contraire-associé
1. (la semaine) prochaine	next(week)	la semaine suivante = the following week, in a week = dans une semaine	la semaine dernière = last week
2. obtenir	to get	recevoir	
3. avoir besoin de	to need		manquer de = to lack
4. /plaisanter/vous plaisantez!	/to kid/you're kidding!	taquiner = to tease, une plaisanterie = a joke	
5. il paraît	it seems	il semble	
6. merveilleux	wonderful, fantastic ≠ dreadful, horrible	formidable, fantastique, sympa = swell; extra = cool; bon = good; charmant = charming; chic, chouette = great	horrible, affreux, lamentable, moche = vilain = crummy, dégueulasse = lousy = vache, merdique = shitty; ça ne vaut rien = it's worthless
7. /(un) journal /(un) papier	/newspaper /paper	(une) revue = magazine	
8. jouer	/to play/to act /to gamble	(un) jeu = game, (un) jouet = toy, (une) poupée = doll	
9. stupide	stupid, dumb ≠ intelligent	bête, con = an ass	intelligent, malin = clever, vif = bright
10. tout	everything, all	quelque chose = something, n'importe quoi = anything	rien = nothing, aucun = none
11. tomber	to fall	laisser tomber = to drop	ramasser = to pick up
12. quelques	some	des, quelques = few	pas de = not any
13. – tous les combien? – depuis quand?	– how often? – how long? since when?	depuis combien de temps?	
14. /beau(belle) /mignon(onne)	/beautiful/cute	ravissant	moche = vilain = laid = ugly
15. ce soir	tonight ≠ last night	(le) soir = evening	hier soir, demain soir = tomorrow night

LEÇON 14

translate, then answer in the negative:

1) Do you ever gamble?
2) Does he ever read the paper?
3) Does he ever tease his wife?
4) Are you ever short of money?
5) Do they ever go to the theatre?
6) Do you ever take trips?
7) Are we ever wrong?
8) Does she ever work part-time?

note: 'That' in English can be optional but QUE in French is obligatory.

translate:

1) I hope you're right.
2) I think he is a nice guy.
3) They say you're lucky.
4) I know he needs money.
5) I feel that you're wrong.
6) I think he's used to drinking a lot.
7) I know the guy is a bastard.
8) Do you feel we need help?

PUBLIC ENEMY NUMBER ONE — THE FRENCH PRESENT!!!

JE LIS	
I'm reading now.	Je lis maintenant.
I often read.	Je lis souvent.
I've been reading for an hour.	Je lis depuis une heure (ça fait une heure que je lis).

note: THE FRENCH LIVE IN THE PRESENT! You must get used to using it much more than we do in English.

Nous sommes mariés depuis cinq ans.	We've been married for five years.
Il travaille ici depuis juin.	He has worked here since June.
Je suis ici depuis une semaine.	I've been here for a week.
Depuis quand êtes-vous ici?	For how long have you been here?

translate, then put in the interrogative:

1) We've been eating for an hour.
2) They've been skiing since the morning.
3) We're waiting for the teacher now.
4) The kids have been playing for two hours.
5) He has been swimming for a long time.
6) They've been here since January.
7) They've been in the new apartment since last week.
8) He's gambling now. He always gambles on Saturdays.
9) The students have been on vacation for a month.
10) I haven't gone to see them for a long time.
11) She's lucky now, and she's been lucky since her marriage.
12) My parents have been on the beach since this morning.
13) They always take trips during the summer.
14) I've been working here since the winter.
15) She's talking now. She always talks a lot. She has been talking for two hours.
16) You've been reading the same book since yesterday.
17) The maid is doing the housework now. She always does it in the afternoon.
18) She can't find a part-time job and must work full-time.
19) We've been learning English for two years.
20) I have known him for ten years.
21) I'm writing a letter to my in-laws. I always write to them.
22) They've been living in Paris for three years. They usually live in Europe.
23) She's eating now. She always eats at this hour.
24) You've been talking for an hour. You always talk too much.
25) I have needed more money for a long time.
26) I've been gaining weight since my vacation. I always gain weight during the summer.
27) I've been waiting for you for five hours. I always wait for you.
28) I know that he has been married for two years.

VOCABULAIRE

	traduction	synonyme-associé	contraire-associé
1. /bon/meilleur /le meilleur	/good/better /the best		/mauvais/pire/le pire = /bad/worse /the worst
2. /voyager/un voyage/un agent de voyage	/to travel/a trip /a travel agent	faire un voyage = to take a trip, un séjour = a stay	
3. un aller simple	one way ticket ≠ return (round trip)		un aller-retour
4. réserver	to reserve ≠ to cancel	complet = booked	annuler
5. (une) ville/(un) village	/city/village	(un) pays = a country	
6. en vacances	on vacation		
7. un hôtel	hotel	(une) chambre = room	
8. /(une) plage/(un) maillot de bain	/beach/bathing suit	le bord de mer = seaside, le sable = the sand, nager = to swim	
9. /(une, des) montagnes/à la campagne	/mountains/in the country	skier = to ski	(une) vallée = valley
10. je suis pour	I'm for ≠ against	en faveur de	contre
11. (un) argent	money	(du) fric = dough, (la) monnaie = change	du liquide = des espèces = cash
12. /un chèque/une banque	/cheque (US check) /bank		
13. /une pièce/(un) acteur/(un) théâtre	/a play/actor/theatre	un comédien, une actrice, (un, une) comique = comedian	
14. (un) appareil-photo	camera	film = film	
15. un endroit sympa	a nice place (note: une place = a square)	un coin = a spot	
16. /(une) douche /(un) bain	/shower/bath	(une) baignoire = a bathtub	
17. (un) coup de soleil	sunburn	(un) bronzage = tan	

LEÇON 15

FUTURE

je parl**erai**	= I'll speak	je **ne parlerai pas**
tu parl**eras**	= you'll speak	tu **ne parleras pas**
il	he	il
elle parl**era**	= she'll speak	elle **ne parlera pas**
on	one	on
nous parl**erons**	= we'll speak	nous **ne parlerons pas**
vous parl**erez**	= you'll speak	vous **ne parlerez pas**
ils elles parl**eront**	= they'll speak	ils elles **ne parleront pas**

note: — This tense is extremely easy: you add the above endings to the infinitive.
— The third group however drops the 'e' before, e.g. boirai.
— After 'quand' and 'lorsque', you use the future in French: When he comes = Quand il viendra.

Est-ce que vous lui parlerez demain?/dans deux jours?/la semaine prochaine?
Will you speak with him tomorrow?/in two days?/next week?

Oui, je lui parlerai demain. Yes, I'll speak with him tomorrow.
Non, je ne lui parlerai pas demain. No, I won't speak with him tomorrow.

VERBES IRRÉGULIERS DU PREMIER GROUPE (futur)

ALLER: to go
j'**irai**

JETER: to throw
je **jetterai**

ESPÉRER: to hope
j'**espèrerai**

COMMENCER: to begin
je **commencerai**

APPELER: to call
j'**appellerai**

SUGGÉRER: to suggest
je **suggérerai**

MANGER: to eat
je **mangerai**

ACHETER: to buy
j'**achèterai**

MENER: to lead
je **mènerai**

ENVOYER: to send
j'**enverrai**

RÉPÉTER: to repeat
je **répèterai**

PRÉFÉRER: to prefer
je **préfèrerai**

81

ÉPELER: to spell
j'épèlerai

REPÉRER: to spot
je repérerai

PROJETER: to plan
je projetterai

PROTÉGER: to protect
je protégerai

COMPLÉTER: to complete
je compléterai

VERBES DU DEUXIÈME GROUPE (futur)

HAÏR: to hate
je haïrai

MAIGRIR: to lose weight
je maigrirai

ÉTABLIR: to set up
j'établirai

RÉUSSIR: to succeed
je réussirai

CHOISIR: to choose
je choisirai

RÔTIR: to roast
je rôtirai

FAILLIR: almost . . .
je faillirai

FOURNIR: to furnish
je fournirai

VERBES DU TROISIÈME GROUP (futur)

PRENDRE: to take
je prendrai

BATTRE: to beat
je battrai

APPARTENIR: to belong
j'appartiendrai

ENTENDRE: to hear
j'entendrai

COMBATTRE: to fight
je combattrai

SORTIR: to go out
je sortirai

COMPRENDRE: to understand
je comprendrai

DIRE: to say
je dirai

INTERDIRE: to forbid
j'interdirai

ATTEINDRE: to reach
j'atteindrai

LIRE: to read
je lirai

OUVRIR: to open
j'ouvrirai

VOIR: to see
je verrai

OBTENIR: to get
j'obtiendrai

RIRE: to laugh
je rirai

SAVOIR: to know
je saurai

VENIR: to come
je viendrai

SENTIR: to feel
je sentirai

POUVOIR: can
je pourrai

DEVENIR: to become
je deviendrai

RÉPONDRE: to answer
je répondrai

VOULOIR: to want
je voudrai

TENIR: to hold
je tiendrai

NAÎTRE: to be born
je naîtrai

S'ASSEOIR: to sit
je m'assiérai = assoirai

CONVENIR: to suit
je conviendrai

CONNAÎTRE: to know
je connaîtrai

BOIRE: to drink
je boirai

PARTIR: to leave
je partirai

RECONNAÎTRE: to recognise
je reconaîtrai

DÉCEVOIR: to disappoint
je décevrai

CONDUIRE: to drive
je conduirai

FAIRE: to do, to make
je ferai

RECEVOIR: to receive
je recevrai

ÉCRIRE: to write
j'écrirai

SUIVRE: to follow
je suivrai

VALOIR: to be worth	COURIR: to run	PARAÎTRE: to look
je vaudrai	je courrai	je paraîtrai
METTRE: to put	COUDRE: to sew	VIVRE: to live
je mettrai	je coudrai	je vivrai
PERMETTRE: to permit	PRÉVENIR: to warn	CONVAINCRE: to convince
je permettrai	je préviendrai	je convaincrai

à revoir:

Il ne verra personne.	He won't see anyone.
Je ne lui parlerai plus.	I won't speak to him any more.
Je ne prendrai qu'un café.	I'll only have one coffee.
Il ne vendra rien.	He won't sell anything.
Nous n'irons jamais.	We'll never go.

---

translate, then put in the negative:

1) I'll call you tonight in any case.
2) We'll go for a walk in spite of the bad weather.
3) They'll carry my heavy bags.
4) She'll answer his letters tomorrow.
5) We'll take a trip next week.
6) I'll be able to do it in a week.
7) I hope he'll come soon.
8) She'll write sometimes, I hope.
9) She'll buy a car instead of a bike.
10) They'll do the housework from time to time.
11) I'll come therefore on time.
12) Maybe you'll think she is wrong.
13) You'll have to ask a question immediately.
14) We're reading the book in the meantime.
15) I'll drink four glasses of wine tonight.
16) I'll live at last in Paris.
17) She'll have a lot of cash with her.
18) He'll beat me because of it.
19) He'll leave a tip for the waiter.
20) Will you be able to come in two weeks?
21) I'll have to go tomorrow.
22) You'll catch a cold because of the weather.
23) I'll be ready at ten.
24) He'll need a pill for his headache.

VOCABULAIRE

	traduction	synonyme-associé	contraire-associé
1. fatigué	tired, beat, dead	à bout, mort, épuisé = exhausted	se sentir bien = to feel great
2. malade	ill ≠ well	feel great = être en plein forme	bien, to feel better = aller mieux
3. attraper un rhume	to catch a cold	(la) fièvre = fever	
4. éternuer	to sneeze	à vos souhaits = God bless you	
5. tousser	to cough	un mal de gorge = a sore throat	
5. (un) médicament	medicine	(un) comprimé = a pill, la pilule = the Pill	
7. /(un) dentiste /(un) mal de dents	/dentist/toothache	les dents = teeth	
8. /(un) mal de tête /(un) mal d'estomac	/headache /stomachache	(un) estomac = stomach	
9. — cela fait mal — est-ce que cela fait mal?	— it hurts — does it hurt?	(une) douleur = pain	
10. prêt?	ready?	je suis prêt = I'm ready	
11. se passer	to happen, occur	arriver, avoir lieu	
12. porter	to carry	apparter, amenez-lui = bring him	
13. se reposer	to rest	ne vous énervez pas, du calme = take it easy	
14. rire	to laugh ≠ to cry	un sourire = a smile	pleurer, (une, des) larmes = tears
15. avoir bonne mine	to look well		
16. j'en doute	I doubt it	je m'en doutais = I thought as much	je n'en doute pas = I don't doubt it
17. le même que	the same as ≠ different from	semblable à = similar to	différent

LEÇON 16

note: There's nothing particularly difficult about this structure which is the same in both languages.

translate, then answer affirmatively:

1) Si vous êtes fatigué, est-ce que vous irez au lit?
2) Si vous avez mal à la gorge, est-ce que vous prendrez un comprimé?
3) Si elle attrape un rhume, sera-t-elle fatiguée?
4) Si vous me posez une question, est-ce que je vous répondrai?
5) Si elle peut le faire toute seule, est-ce qu'elle le fera?
6) Si tu me téléphones, est-ce que je raccrocherai?
7) Si un copain doit aller chez le médecin, est-ce que j'irai avec lui?
8) Si j'ai faim, est-ce que tu me donneras quelque chose à manger?
9) Si le livre est rasoir, est-ce que tu le liras de toutes façons?
10) Si vous êtes riche, est-ce que vous achèterez une nouvelle maison?
11) Si nous ne comprenons pas le professeur, est-ce que nous lui dirons?
12) S'il fait beau, est-ce que nous irons au cinéma?
13) Si j'ai de la chance, est-ce que je serai heureuse?
14) Si vous pouvez, est-ce que vous irez le lendemain?

translate, then give the affirmative and negative answers:

1) If you see a good movie, will you tell me?
2) If she drinks too much, will her husband be happy?
3) If you need help, will you call me?
4) If they lose weight, will they feel better?
5) If she has a lot of money, will she buy a new apartment?
6) If I'm sick, will you go with me to the doctor?
7) If I must take a trip next week, will you come with me?
8) If I ask you questions, will you answer?
9) If I need money, will you lend me some?
10) If he's lucky, will he win a lot of money?
11) If you like her cake, will you tell her?
12) If your wife loves you, will you be happy?
13) If they don't understand, will the teacher help them?
14) If she doesn't call you tonight, will you call her?
15) If you can't do it, will you tell me?
16) If the boss is wrong, will we know?
17) If you aren't used to drinking, will you be sick?
18) If you can't come, will you call and tell me?
19) If you don't like the meal, will you have another dish?
20) If they catch a cold, will they have a fever?
21) If I'm tired, will I work?
22) If you're thirsty, will you drink a beer?
23) If you need cash, will you go to the bank?
24) If we don't answer, will the teacher go crazy?
25) If it pours, will you get wet?
26) If the cop is a bastard, will we be able to do something?
27) If the restaurant's expensive, will we go in any case?
28) If the boss comes late, shall we too?

ADVERBES ET LOCUTIONS 3

1. **le plus tôt sera le mieux**	the sooner the better	14. **– récemment – il n'y a pas longtemps**	– recently – not long ago
2. **le lendemain**	the next day		
3. **la veille**	the day/night before	15. **assez**	enough
4. **– pendant que – tandis que**	while, during	16. **– seulement – je n'ai que**	– only – I only have
		17. **tous les quinze jours**	every other week
5. **tous les combien?**	how often?	18. **aussitôt que**	as soon as
6. **en moyenne**	on the average	19. **– exprès – à dessein**	on purpose
7. **par-dessus tout**	above all	20. **en ce qui concerne**	as far as
8. **à tout hasard**	just in case	21. **plusieurs**	several
9. **bientôt**	soon	22. **– en outre – quoi de plus**	– besides – what's more
10. **encore une fois**	once more, again		
11. **selon**	according to	23. **– dans l'ensemble – en général – la plupart de**	– on the whole – in general – most of
12. **– à partir de . . . – du . . .**	as of . . . from on . . .		
13. **– étant donné que – comme**	– given that – since	24. **quant à (moi)**	as for (me)
		25. **dans la mesure où**	in so far as
		26. **dans une quinzaine de jours**	in a fortnight

VOCABULAIRE

	traduction	synonyme-associé	contraire-associé
1. téléphoner	to call up	appeler, un coup de fil = a call	
2. raccrocher	to hang up ≠ to pick up		décrocher
3. ne quittez pas	hold on		
4. Qui est à l'appareil?	Who's speaking?	C'est de la part de qui?	M . . . est au bout du fil = en ligne = Mr . . . is on the line
5. je vous passe . . .	I'll put you through to . . .		
6. – passer un examen/– réussir un examen	– to take a test/– to pass a test		sécher = to flunk
7. je suis occupé	I'm busy ≠ free		libre
8. comme vous voulez	as you like		
9. (un) article	item	quelque chose = something	
10. /(une) histoire /(un) roman	/story/novel	(une) nouvelle = short story, fiction = fiction	
11. drôle	funny ≠ a drag	rigolo, marrant	rasoir
12. (un) ami	friend ≠ enemy	pote = copain = pal	ennemi
13. à cause de	on account of	dû à = due to	pourquoi? = why?
14. paresseux	lazy ≠ hard-working		bûcheur
15. il m'en reste deux	I have two left		il ne m'en reste plus = I don't have any more
16. essayer	to try	tenter	
17. un rendez-vous (donner rendez-vous)	an appointment (to make an . . .)		
18. voici . . .	here is, are	voilà	

88

LEÇON 17

EN TRAIN DE	= −ING, IN THE MIDST OF
Il est en train de lire.	= He's reading.
	(in the midst of reading)

note: Although this is used a lot in French, the simple present is even more frequently used: − I'm smoking = Je suis en train de fumer.

= Je fume.

− We're eating = Nous sommes en train de manger.

= Nous mangeons.

translate, then give the simple present and the form **en train de**:

1) They are eating now.
2) He's still working.
3) She's choosing a new skirt.
4) Is she drinking a beer?
5) She's calling her pal.
6) He's reading a novel.
7) We're trying to do it.
8) Are you catching a cold?

translate:

1) It's a cinch!
2) What's your favourite hobby?
3) Don't worry! I won't lose my wallet.
4) Why are you so uptight?
5) Well! Well!
6) They're coming for Christmas.
7) So what?
8) I'll do it this very day.

TO KNOW =	**CONNAÎTRE** (to be familar with)	**SAVOIR** (to have knowledge of)
	connaître quelqu'un = to know someone	**savoir quelque chose** = to know something
	connaître un endroit = to know a place	

note: I know how to drive = Je sais conduire.

Est-ce que vous connaissez cet homme?	**Est-ce que vous savez l'anglais?**
ce restaurant?	nager?
Paris?	ça?
Do you know this man?	Do you know English?
this restaurant?	how to swim?
Paris?	that?

translate:

1) I know Jane.
2) Do you know London?
3) Do you know how to drive?
4) Do you know the answer?
5) Do you know his wife?
6) Do you know that store?
7) Do you know his family?
8) Do you know your lesson?

CE QUE = WHAT

Est-ce ce que vous voulez?	Is that what you want?
Oui, c'est ce que je veux.	Yes, <u>that's what</u> I want.
Non, ce n'est pas ce que je veux.	No, <u>it isn't what</u> I want.

note: — Remember: What? (simple question) = <u>Quoi?</u>

     — CE QUI — subject: <u>ce qui</u> est dangereux = <u>what</u> is dangerous

                        <u>ce qui</u> m'ennuie   = <u>what</u> worries me

---

Je sais ce qu'il veut.	=	I know <u>what</u> he wants.
Je sais <u>que</u> . . .	=	I know <u>that</u> . . .
<u>Ce que</u> je sais est qu'il . . .	=	<u>What</u> I know is that he . . .
Je sais <u>qu'il</u> viendra.	=	I know (that) he'll come.
C'est <u>ce que</u> je veux dire.	=	That's <u>what</u> I mean.
Je sais <u>ce qu'il</u> veut dire.	=	I know <u>what</u> he means.
<u>Ce que</u> je veux dire est . . .	=	<u>What</u> I mean is . . .

---

translate:

1) Ce n'est pas ce que tu penses.
2) Ce n'est pas ce que je veux dire.
3) Je ne comprends pas ce que vous voulez.
4) Je sais ce qu'elle te dira.
5) Est-ce que vous savez ce qui l'intéresse?

translate:

1) Do you know what you want to eat?
2) I'm not sure what she thinks.
3) We know what we must do.
4) That's what worries me.
5) That's what interests me.

VOCABULAIRE

	traduction	synonyme-associé	contraire-associé
1. c'est du gâteau	it's a cinch ≠ hard	facile = easy	difficile, c'est pas de la tarte = it's rough = il faut le faire
2. /(une) poche /(un) porte-feuille	/pocket/wallet		
3. /la scène/le metteur en scène	/the stage/the director	(le) cinéaste = film-maker	
4. un complexe	a hang-up		
5. énervé	nervous	nerveux, tendu = uptight	
6. faux	false ≠ true, real	bidon = phony, fake	vrai
7. ce jour même	this very day		
8. se débrouiller	to swing something, to manage	vous vous débrouillez bien = you get on well	
9. jeter	to throw (out)		attraper = catch
10. gagnant	winner ≠ loser		perdant
11. et alors?	so what?	alors?, donc? = so?	
12. bien trop . . .	far too (much)		
13. tiens! tiens!	well! well!		
14. /(un) violon d'Ingres/(un, une) fan	/hobby/fan	passe-temps, fana = buff	
15. sérieux	serious	grave	
16. /Noël/Pâques	/Christmas/Easter	le réveillon = New Year's Eve	
17. choisir	to choose	sélectionner	
18. injuste	unfair ≠ fair		juste, droit = straight
19. être inquiet	to be worried, anxious	anxieux; I'm worried = je suis inquiet	ne vous inquiétez pas = ne vous en faites pas = don't worry

LEÇON 18

COMPARATIVE, SUPERLATIVE

un homme riche	a rich man
un homme plus riche	a richer man
l'homme le plus riche	the richest man

note: — good — better — the best = bon(onne) — meilleur(e) — le, la
meilleur(e).
— bad — worse — worst = mauvais(e) — pire — le, la pire.

Il est plus jeune que moi.	He's younger than me.
Il est moins jeune que moi.	He isn't as young as me.
Il est aussi jeune que moi.	He's as young as me.
Il n'est pas aussi jeune que moi.	He isn't as young as me.
Il est moins intelligent que moi.	He's less intelligent than me.
Il est si jeune que . . .	He's so young that . . .

translate:

1) It wouldn't surprise me.
2) She is the biggest in the family.
3) It's the same thing.
4) It wasn't worth it.
5) How old are you?
6) He isn't as rich as my brother.
7) Thank goodness!
8) She is the worst boss in the company.

put in the superlative, then in the interrogative:

1) Elle est . . . (grand) de la famille.
2) Cet appareil-photo est . . . (bon) de la boutique.
3) Mon coup de soleil est . . . (joli).
4) Cette banque est . . . (propre) de la ville.
5) Cette région est . . . (pauvre) d'Europe.
6) L'argent français est . . . (joli).
7) Ces montagnes sont . . . (difficile) à monter.
8) Cette épicerie est . . . (cher).
9) C'est le . . . (gentil) cadeau que j'ai reçu.
10) Votre bague est . . . (merveilleux) de la bijouterie.
11) Ce supermarché est . . . (proche) de la maison.
12) Ton collier est (grand) de tous.
13) Cette affaire est . . . (bon) de l'année.
14) Ce boucher est . . . (mauvais) de la rue.

put in the comparative, then in the interrogative:

1) Cette fille est . . . (sérieux) . . . moi.
2) Cette plage-ci est . . . (beau) . . . celle-là.
3) Le premier étage est . . . (propre) . . . le rez-de-chaussée.
4) Le boulanger est . . . (près) . . . le boucher.
5) Votre bague est . . . (cher) . . . mon bracelet.
6) Sa femme est . . . (moche) . . . la tienne.
7) Ce film est . . . (dégueulasse) . . . celui d'hier.
8) Ma sister est . . . (gentil) . . . son type.
9) Cette leçon est . . . (intéressant) . . . l'autre.
10) Il est . . . (extra) . . . sa femme.
11) Son nouveau roman est . . . (bon) . . . le premier.
12) Ce jeu est . . . (ennuyeux) . . . l'autre.
13) Sa fille est . . . (mignon) . . . sa femme.
14) Cette somme est . . . (important) . . . celle de la semaine dernière.

translate, then give the five possible forms (court, plus court que, moins court que, aussi court que, le plus court, le moins court):

tall	serious
long	expensive
bad	careful
soft	intelligent
hot	polite
thin	fair
strong	crummy
safe	lousy
far	old
sad	young
heavy	good
cheap	beautiful
bright	silly
deep	stupid
weak	sloppy
nice	crowded
dangerous	full
interesting	dry
difficult	hard
boring	formal

translate. then put in the comparative:
e.g. He works as hard as I do.
— Il travaille aussi dur que moi.
— Il travaille plus dur que moi.

1) She's as pretty as your sister.
2) Our trip is as interesting as yours.
3) My grocery is as cheap as theirs.
4) Your jewellery is as beautiful as hers.
5) This book is as crummy as that one.
6) Your hobby is as boring as mine.
7) The director is as phony as his play.
8) This lesson's as much of a cinch as the last one.
9) Your wallet is as full as mine.
10) My pals are as funny as yours.
11) This novel is as lousy as the last one.
12) That play is as swell as the book.
13) My shower is as hot as Jane's.
14) My dough is as good as yours.
15) Their homework is as difficult as ours.
16) His sister-in-law is as cute as her mother.
17) My bathing-suit is as sexy as my cousin's.
18) This restaurant is as crowded as the other one.
19) My room is as sloppy as yours.
20) These mountains are as high as the sky.
21) My dress is as charming as yours.
22) He's as lazy as his father.
23) They're as well-off as their parents.
24) I'm as broke as you are.
25) The teachers are as poor as the students.
26) Their apartment is as high as my house.

translate, then answer in the negative:

1) Have you something to do tonight?
2) Are you going somewhere after the lesson?
3) Is there someone important in the room?
4) Will you go anywhere with me?
5) Will she give me something to drink?
6) Will they see anything interesting at the movie?
7) Can you find something funny to do this evening?
8) Will you see him somewhere in New York?
9) Is someone here a sexy broad?
10) Is there something worse than a bad cop?
11) Will you do something exciting this afternoon?
12) Is anyone going to see you after the lesson?
13) Are you going somewhere alone?
14) Is the person next to you anyone interesting?

translate, then give the affirmative question:

1) He'll never come to see you.
2) I don't know anyone interesting in the family.
3) They don't know anyone rich.
4) He doesn't want to go anywhere.
5) She never reads anything interesting.
6) I don't know if anyone will come.
7) He doesn't see his pals anywhere.
8) He doesn't want to go to the movies anymore.
9) I don't want anything to drink.
10) We aren't learning anything.
11) She isn't seeing anyone swell in the school.
12) They don't know if they can find one anywhere.
13) You don't understand anything.
14) There isn't anyone who understands.

```
ADVERBS
Most are formed by adding – (E)MENT to the adjective → LENTEMENT.
            vrai (true)      →   vraiment
            facile (easy)    →   facilement
            lent (slow)      →   lentement
```

note: – Bon → bien.
       – Mauvais → mal.
       – Vite → vite.

give the adverb:
triste	rapide
dur	drôle
bon	heureux
mauvais	sec
sérieux	rare
facile	grand
lent	bête
long	intelligent
poli	cher
fréquent	immédiat
doux	soudain
profond	stupide

VOCABULAIRE

	traduction	synonyme-associé	contraire-associé
1. un cadeau	a gift	offrir = to give	
2. important	important ≠ beside the point		à côté de la question
3. quelle taille?	what size?	(la) pointure (shoes)	
4. (un) rayon (femmes)	(ladies) department		
5. (le) premier étage	first floor	rez-de-chaussée = ground floor	
6. /(une) épicerie /(un) boulanger /(un) boucher	/grocery/baker /butcher	(un) supermarché = supermarket	
7. en solde	on sale	une affaire = a bargain	
8. je m'y attendais	I expected it	cela ne m'étonnerait pas = it wouldn't surprise me	inattendu = unexpected
9. riche	rich ≠ poor, broke	aisé = well-off	pauvre, fauché
10. ça valait la peine	it was worth it		ça n'en valait pas la peine
11. (une) somme	amount	total, quantité = quantity	
12. nom de nom!	goodness!	mon Dieu!, nom d'un chien	Dieu merci! = ouf! = thank goodness!
13. quel âge avez-vous?	how old are you?		
14. (la) jeunesse	youth ≠ old age	adolescence = teenage	vieillesse (la)
15. /(une) bijouterie /(une) bague /(un) collier	/jewellery/ring /necklace	(un) bracelet = bracelet	
16. quelqu'un	someone ≠ no one	n'importe qui = anyone, tout le monde = everybody	personne, quiconque = anyone
17. partout	everywhere ≠ nowhere		nulle part = n'importe où = anywhere
18. c'est la même chose	it's the same thing		

LEÇON 19

PASSÉ COMPOSÉ = PAST

Hier,	**j'ai terminé**	= I finished my book	yesterday.
La sémaine dernière,	**mon livre**	(have finished)	last week.
Il y a deux jours,			two days ago.

j'ai terminé	**je n'ai pas terminé**
tu as terminé	**tu n'as pas terminé**
il	**il**
elle a terminé	**elle n'a pas terminé**
on	**on**
nous avons terminé	**nous n'avons pas terminé**
vous avez terminé	**vous n'avez pas terminé**
ils	**ils**
elles ont terminé	**elles n'ont pas terminé**

note: The passé composé is formed with the present of 'avoir' and the past participle of the verb.

EST-CE QUE VOUS AVEZ TERMINÉ VOTRE LIVRE?	Did you finish your book? Have you finished your book?
Oui, j'ai terminé mon livre.	Yes, I (have) finished my book.
Non, je n'ai pas terminé mon livre.	No, I didn't finish/haven't finished my book.

```
┌─────────────────────────────────────────────────────────────────────┐
│  PAST PARTICIPLE                                                     │
│                                                                     │
│  parler        →  parlé     (spoke, have spoken)                    │
│  finir         →  fini      (finished, have finished)               │
│  vendre        →  vendu     (sold, have sold)                       │
└─────────────────────────────────────────────────────────────────────┘
```

```
┌─────────────────────────────────────────────────────────────────────┐
│  à revoir:                                                          │
│                                                                     │
│  Je n'ai parlé à personne.          = I didn't speak to anyone.    │
│  Je ne lui ai jamais parlé.         = I never spoke to him.        │
│  Je n'ai pas encore terminé         = I haven't finished yet.      │
│  Il ne m'a rien donné.              = He didn't give me anything.  │
│  Il ne m'a donné que deux dollars.  = He only gave me two dollars. │
│  On ne l'a plus vu(e).              = We don't see him/her any more.│
└─────────────────────────────────────────────────────────────────────┘
```

translate:

1) It's on the left.
2) I slept two hours.
3) I got divorced two years ago.
4) She was successful with the play.
5) We began French lessons last month.
6) Did you eat a lot this morning?
7) He called me two hours ago.
8) Shut up!
9) I never took the underground last year.
10) I only had kids four years ago.

```
AVOIR — PASSÉ COMPOSÉ

j'ai eu                          I had/have had

tu as eu                         you had/have had

il                               he
elle  a eu                       she  had/has had
on                               one

nous avons eu                    we had/have had

vous avez eu                     you had/have had

ils                              they had/have had
elles  ont eu
```

put in the interrogative, then in the negative:

1) Il a échoué à son examen.
2) On a rendu visite à mes beaux-parents la semaine dernière.
3) J'ai réussi l'affaire.
4) Nous avons visité le musée.
5) L'avion a décollé à dix heures.
6) Les élèves ont répondu à la question.
7) Tu m'as offert un joli cadeau.
8) Il a gagné le jeu.
9) J'ai oublié ton nom.
10) Je trouve que tu as eu tort.
11) J'ai beaucoup aimé ce type.
12) Il a vendu sa voiture à ma cousine.
13) Elle a beaucoup pleuré cette nuit.
14) Nous avons beaucoup attendu le train.
15) J'ai fait tout ce que j'ai pu.
16) On a mangé sans toi.
17) Tu as beaucoup maigri.
18) Elle a battu son mari.
19) J'ai lu le livre et j'ai vu la pièce.
20) Ce n'est pas ce que j'ai voulu.

translate, then give the negative answer:

1) Did he leave his office at ten?
2) Did they go for a walk last Sunday?
3) Did she catch a cold in the snow?
4) Did your teeth ache last week?
5) Did you sneeze a little while ago?
6) Did that happen yesterday?
7) Did you have a sore throat two weeks ago?
8) Did she rest after her work yesterday?
9) Did you bring the books alone?
10) Was the play successful?
11) Was she lucky with you?
12) Did you have to go yesterday?
13) Were you afraid of the dogs?
14) Were you twenty-five last month?
15) Did you live there a long time?
16) Did you like their wedding?
17) Did the plane take off on time?
18) Did you do it with your husband?
19) Did she wear a new coat?
20) Did they tell you what they knew?
21) Have you finished the lesson?
22) Did you hear what she said?
23) Did you think what you said?
24) Did she buy what she wanted?
25) Did she have to do it yesterday?
26) Did she choose what you told her to?
27) Did they send you the books on time?
28) Did you hate your parents when they divorced?

translate, then give the past participle of the following verbs:

to live	to wait
to get	to owe
to fight	to find
to furnish	to receive
to lead	to reach
to hope	to feel
to put	to laugh
to sleep	to lose weight
to look	to complete
to be able to	to spot
to choose	to protect
to sew	to hold
to read	to be worth
to have to	to cover
to say	to call
to suggest	to throw
to eat	to follow
to buy	to recognize
to answer	to run
to want	to convince
to drink	to permit
to know (something)	to establish
to know (someone)	to spell
to understand	to repeat
to prefer	to see
to open	to write
to forbid	to give
to drive.	to speak

VERBES DU PREMIER GROUPE – PARTICIPE PASSÉ (avec AVOIR)

rencontrer (to meet)	→ rencontré	continuer (to continue)	→ continué
commencer (to begin)	→ commencé	repérer (to spot)	→ repéré
manger (to eat)	→ mangé	répéter (to repeat)	→ répété
envoyer (to send)	→ envoyé	compléter (to complete)	→ complété
épeler (to spell)	→ épelé	espérer (to hope)	→ espéré
protéger (to protect)	→ protégé	suggérer (to suggest)	→ suggéré
jeter (to throw)	→ jeté	mener (to lead)	→ mené
appeler (to call)	→ appelé	préférer (to prefer)	→ préféré
acheter (to buy)	→ acheté	projeter (to plan)	→ projeté

VERBES DU DEUXIÈME GROUPE – (passé composé)

haïr (to hate)	→ haï	choisir (to choose)	→ choisi
réussir (to succeed)	→ réussi	fournir (to furnish)	→ fourni
faillir (almost . . .)	→ failli	établir (to set up)	→ établi
maigrir (to lose weight)	→ maigri	rôtir (to roast)	→ rôti

VERBES DU TROISIÈME GROUPE – (passé composé)

participes passés en i

dormir (to sleep)	→ dormi	sentir (to feel)	→ senti
rire (to laugh)	→ ri	suivre (to follow)	→ suivi

participes passés en is

mettre (to put)	→ mis	prendre (to take)	→ pris
permettre (to permit)	→ permis	comprendre (to understand)	→ compris

participes passés en t

couvrir (to cover)	→ couvert	atteindre (to reach)	→ atteint
conduire (to drive)	→ conduit	ouvrir (to open)	→ ouvert
dire (to say)	→ dit	faire (to do, to make)	→ fait
écrire (to write)	→ écrit	interdire (to forbid)	→ interdit

participes passés en u

attendre (to wait)	→ attendu	obtenir (to get)	→ obtenu
battre (to beat)	→ battu	paraître (to look)	→ paru
boire (to drink)	→ bu	pouvoir (to be able)	→ pu
combattre (to fight)	→ combattu	repondre (to answer)	→ répondu
connaître (to know)	→ connu	recevoir (to receive)	→ reçu
convaincre (to convince)	→ convaincu	reconnaître (to recognize)	→ reconnu
coudre (to sew)	→ cousu	savoir (to know)	→ su
courir (to run)	→ couru	tenir (to hold)	→ tenu
descendre (to go down)	→ descendu	valoir (to be worth)	→ valu
devoir (to owe)	→ dû	vendre (to sell)	→ vendu
entendre (to hear)	→ entendu	vivre (to live)	→ vécu
falloir (to have to)	→ fallu	voir (to see)	→ vu
lire (to read)	→ lu	vouloir (to want)	→ voulu

CONTRAIRES 4 (VERBES)

1. **aimer**	≠	**haïr**
to love		to hate
2. **se tenir debout, se lever**	≠	**s'asseoir**
to stand up		to sit down
3. **s'habiller**	≠	**se déshabiller**
to get dressed		to get undressed
4. **se dépêcher**	≠	**prendre son temps**
to hurry up		to take one's time
5. **revenir**	≠	**partir/sortir**
to come back		to go away/out
6. **trouver**	≠	**perdre**
to find		to lose
7. **oublier**	≠	**se souvenir**
to forget		to remember
8. **acheter**	≠	**vendre**
to buy		to sell
9. **gagner**	≠	**perdre**
to win		to lose
10. **mettre (son manteau)**	≠	**enlever**
to put on (coat)		to take off
11. **être d'accord avec**	≠	**ne pas être d'accord avec**
to agree with		to disagree with
12. **atterrir**	≠	**décoller**
to land (plane)		to take off
13. **mettre allumer**	≠	**fermer, éteindre**
to put on, to turn on		off
14. **s'endormir**	≠	**se réveiller**
to fall asleep		to wake up
15. **prêter attention à**	≠	**ne tenir aucun compte de**
to pay attention		to ignore
16. **demander**	≠	**répondre**
to ask		to answer
17. **pousser**	≠	**tirer**
to push		to pull
18. **rire**	≠	**pleurer**
to laugh		to cry
19. **donner**	≠	**prendre**
to give, to give a gift =		to take
offrir un cadeau		
20. **sortir**	≠	**rester à la maison**
to go out		to stay in
21. **être là**	≠	**ne pas être là**
to be there		not to be there

VOCABULAIRE

	traduction	synonyme-associé	contraire-associé
1. probable	likely ≠ unlikely	très probable = most likely	peu probable, impossible
2. /(une) école /(un) lycée/(un) cours/(une) classe	/school/high school/class/grade	(une) université = college, (une) salle de classe = classroom, (une) note = mark	
3. nécessaire	necessary	il le faut = it's a must	facultatif = optional
4. (un) diplôme	diploma	diplômé = graduated	
5. échouer	to fail ≠ to succeed	louper, rater = to blow it	réussir, avoir du succès = to be successful
6. un succès	a hit ≠ failure	(une) réussite = success = (un) tube	(un) échec, (un) bide = flop = (un) four
7. étonnant	amazing, surprising	surprenant, incroyable	
8. favori	favourite	préféré = preferred	
9. se marier	to get married	(une) lune de miel = honeymoon, mariage = marriage	divorcer = to get divorced
10. visiter	to sightsee	rendre visite à quelqu'un = to visit someone	
11. appartenir	to belong to		posséder = to own
12. mon propre	my own	le mien = mine	
13. (un, une) touriste	tourist		
14. (un) musée	museum	(un) art = art, (une) église = church, (un) monument = monument	
15. tout droit	straight ahead		
16. à droite	to the right ≠ to the left		à gauche
17. taisez-vous	keep quiet	ferme-la = shut up	

107

LEÇON 20

PASSÉ COMPOSÉ (suite)

Hier,			yesterday.
La semaine dernière,	**je suis allé**	= I <u>went</u>	last week.
Il y a deux jours,		(have gone)	two days ago.

note: Some verbs are conjugated with ÊTRE in the past and agree with the subject, e.g. elle est allée.

par<u>tir</u> (to leave)	→ **par<u>ti</u>**	**mou<u>rir</u>** (to die)	→ **mort**
ent<u>rer</u> (to come in)	→ **ent<u>ré</u>**	**naî<u>tre</u>** (to be born)	→ **né**
sor<u>tir</u> (to go out)	→ **sor<u>ti</u>**	**arri<u>ver</u>** (to happen)	→ **arri<u>vé</u>**
mon<u>ter</u> (to go up)	→ **mon<u>té</u>**	(to arrive)	
tom<u>ber</u> (to fall)	→ **tom<u>bé</u>**	**res<u>ter</u>** (to stay)	→ **res<u>té</u>**
al<u>ler</u> (to go)	→ **al<u>lé</u>**	**ve<u>nir</u>** (to come)	→ **ve<u>nu</u>**
descen<u>dre</u> (to go down)	→ **descen<u>du</u>**	**reve<u>nir</u>** (to come back)	→ **reve<u>nu</u>**
deve<u>nir</u> (to become)	→ **deve<u>nu</u>**	**retour<u>ner</u>** (to return)	→ **retour<u>né</u>**
		rent<u>rer</u>(to return)	→ **rent<u>ré</u>**

je suis al<u>lé(e)</u>	**je ne suis pas allé(e)**
tu <u>es</u> al<u>lé(e)</u>	**tu n'es pas allé(e)**
il	**il**
elle <u>est</u> al<u>lé(e)</u>	**elle n'est pas allé(e)**
on	**on**
nous <u>sommes</u> al<u>lés(ées)</u>	**nous ne sommes pas allés(ées)**
vous <u>êtes</u> al<u>lés(ées)</u>	**vous n'êtes pas allés(ées)**
ils	**ils**
elles <u>**sont**</u> **al<u>lés(ées)</u>**	**elles** ne sont pas allés(ées)

EST-CE QU'ELLE EST ALLÉE?	Did she go?/Has she gone?
Oui, elle y est allée.	Yes, she went/has gone (there).
Non, elle n'y est pas allée.	No, she didn't go/hasn't gone.

note: Y = there — placed before the verb.

à revoir:

Je ne suis allé avec personne.	I didn't go with anyone.
Il n'y est pas encore allé.	He didn't go/hasn't gone yet.
Je ne suis jamais allé à New York.	I've never gone/been to New York.
Je n'y suis allé que pour le weekend.	I only went for the weekend.
On n'y est plus allé depuis.	We haven't been there since.
Il n'est rien arrivé.	Nothing happened.

ÊTRE – PASSÉ COMPOSÉ

j'ai été	I was/have been
tu as été	you were/have been
il **elle a été** **on**	he she) was/has been one
nous avons été	we were/have been
vous avez été	you were/have been
ils **elles ont été**	they were/have been

translate:

1) Remind me to do it.
2) We have never been to China.
3) I'm having company tonight.
4) What a lucky break!
5) I only went once to the zoo.
6) You're out of luck.
7) She was born in Europe.
8) She didn't come with anyone.

translate, then put in the interrogative:

1) Je n'ai pas été à New York depuis longtemps.
2) Elle est retournée deux fois le voir.
3) Je ne suis restée que deux mois en vacances.
4) Nous ne sommes jamais allés à Chicago.
5) Il est sorti avec elle hier soir.
6) L'accident est arrivé la nuit.
7) Vous êtes né à Rio de Janeiro.
8) Il est mort l'année dernière.
9) Je ne suis jamais tombé dans la rue.
10) Je ne suis sortie avec personne hier.
11) Il est devenu le patron de la compagnie.
12) Je suis rentrée chez moi après le boulot.
13) Elle est montée en haut.
14) Je me suis demandé si tu es jamais allé aux États-Unis?

translate, then put in the negative:

1) Have you ever been to the movies with him?
2) Have you ever seen a first-rate movie?
3) She fell and broke her arm.
4) I went twice but you weren't there.
5) She's French but in spite of that was born in New York.
6) Why did you come only once to see me?
7) The husband and the wife died together.
8) They were both in a spot and went to see the cops together.
9) I didn't go with anyone. I went alone.
10) He has returned to the house since his marriage.
11) I've often gone to the beach.
12) I wondered where you were born.
13) He stayed at home. However, I went to the movies.
14) She went downstairs and then she went upstairs.

VOCABULAIRE

	traduction	synonyme-associé	contraire-associé
1. vous avez de la chance	you're lucky	un coup de chance = a lucky break	vous n'avez pas de chance =you're out of luck
2. tout à l'heure (passé)	a little while ago		tout-à-l'heure (futur) = in a little while
3. du monde	company	avoir du monde = to have company	
4. /(un, des) bagages/faire ses valises	/baggage/to pack		défaire sa valise = to unpack
5. (un) but	aim	(une) cible = target	
6. dans le pétrin	in a jam, in a spot	dans de beaux draps, (un) pépin = a snag	
7. être fier	to be proud ≠ to be ashamed		être honteux
8. enthousiaste	enthusiastic		indifférent = cool
9. (un) rêve	dream	(un) cauchemar = nightmare	
10. je me demandais	I was wondering		
11. (une) faute	mistake	(une) erreur = error	
12. (une) compagnie	company, firm	société, boîte	
13. (un) paquet	package	(un) colis	
14. rappelez-moi de	remind me to		
15. de premier ordre	first rate ≠ second rate		de second ordre, perte de temps = waste of time
16. reconnaître	to recognize	repérer = to spot	
17. critiquer	to criticize ≠ praise	descendre = to down	louer
18. faire des progrès	to make progress	améliorer = to improve	
19. droit	straight ≠ crooked		tordu
20. (la) foule	crowd, mob	du monde	

LEÇON 21

JE VAIS...	= GOING TO . . .
Je <u>vais aller</u> demain.	I'm <u>going to</u> go tomorrow.
Il <u>va</u> la <u>voir</u> demain.	He's <u>going to</u> see her tomorrow.

VENIR DE + INFINITIVE	= TO HAVE JUST . . .
Il <u>vient de</u> partir.	He <u>has just</u> left.
Nous <u>venons de</u> terminer.	We've <u>just</u> finished.

translate:

1) You're cheating.
2) He's going to call her tomorrow.
3) They're going to take their plane in the afternoon.
4) I've just finished reading the book.
5) Jane has just left.
6) Make up your mind!
7) She's cheating on her husband.
8) I feel that you're wrong.
9) They've just bought a new apartment.
10) Are you going to see her tomorrow.
11) He just went out a little while ago.
12) He is going to go out in a little while.
13) In fact, that trick was not very funny.
14) We've just finished packing.

112

DAVANTAGE, ENCORE = MORE

Encore du pain s'il vous plaît!   More bread please!

En voulez-vous encore/davantage?   Do you want some more?

note: — In a restaurant, you use 'encore': More water please! = Encore de
l'eau s'il vous plaît!
— encore un = another one please.

TOUJOURS, ENCORE = STILL

Est-ce qu'il est $\frac{\text{encore}}{\text{toujours}}$ **malade?**   Is he still sick?

Oui, il est $\frac{\text{encore}}{\text{toujours}}$ **malade.**   Yes, he's still sick.

Non, il n'est plus malade.   No, he isn't sick anymore.

note: TOUJOURS also means always.

SE = (TO) EACH OTHER

On se voit souvent.	We often see each other.
On s'aime beaucoup.	We love each other a lot.
On se voit vendredi?	Will we see each other Friday?
Ils se parlent beaucoup.	They often talk to each other.

translate:

1) Est-ce que vous voulez encore du vin?
2) Elle n'est plus malade.
3) On se parle souvent.
4) Est-ce que ce con a encore des problèmes avec sa nana?
5) Est-ce qu'elle trompe toujours son mari?
6) Je ne veux plus de pain. En voulez-vous encore?
7) On s'écrit beaucoup toute l'année.
8) Est-ce que vous avez toujours l'intention de divorcer?
9) Est-ce que vous voulez encore quelque chose?
10) Ils s'aiment beaucoup.
11) Est-ce qu'elle a toujours quelqu'un d'autre dans sa vie?
12) Encore de l'eau s'il vous plaît!
13) Est-ce que vous avez encore des problèmes avec le patron?
14) Est-ce que vous avez l'intention demander encore du fric à ton père?

translate:

1) They still love each other.
2) Are they still living in New York?
3) Do you still want to take a trip with me?
4) We aren't planning to cheat on our wives any more.
5) Do you still have bad sunburn?
6) They often talk to each other.
7) Is she still worried about her kids' health?
8) Do you want some more bread? — No, I don't want any more, thank you.
9) Are you still taking medicine for your sore throat?
10) Does it still hurt?
11) We often write to each other.
12) I'm still busy. Can you call me later?
13) He isn't sick any more. Are you?
14) More water, please!

note: Remember our present perfect can also be translated by the French present.

translate:

1) She only went to New York for three months, but has been there for three years already.
2) We've been working for two hours, but he only worked one hour.
3) They've been eating since noon. They've already eaten all the chicken.
4) I've known her family all my life. I knew her father well before he died.
5) I bought my car last week. Have you ever bought a car?
6) We've been taking French lessons for two years. We took fifty lessons last year.
7) I gained a lot of weight last month. I've been gaining a lot of weight since last Christmas.
8) Have you ever been to New York? Yes, I went last year.
9) She's been sleeping for ten hours. She slept ten hours last night too.
10) You've been watching TV for an hour. You watched it all day long yesterday.
11) They've been living in Rome for five years. Before that they lived in Paris for a year.
12) The kids have been playing for two hours. They played with their pals yesterday for two hours also.
13) She's been married to this husband for six months. She was married to the first one for three years.
14) He's been working for this company for twelve years. He worked for the other one only two years.

ADVERBES ET LOCUTIONS 4

1. **environ (une heure)**	(an hour) or so	13. – **en fait** – **en effet**	– in fact – as a matter of fact
2. **depuis quand?**	how long?	14. **d'ici (l'hiver)**	by (winter)
3. **en effet**	indeed	15. **dès le début**	from the first
4. – **encore** – **toujours** – **quand même**	still	16. – **pour de bon** – **en permanence**	– for good – permanently
5. **un sur dix**	one out of ten	17. – **toute la journée** – **tout le long de la journée**	all the day long
6. **par erreur**	by mistake		
7. **à moins que**	unless		
8. **en outre**	furthermore	18. – **heureusement** – **par chance**	– fortunately – luckily
9. **tout de même**	all the same		
10. – **tout à l'heure (passé)** – **tout à l'heure (futur)**	– a little while ago – in a little while	19. – **partout** – **n'importe où**	– all over – anywhere
11. **pendant un temps**	for a while	20. – **quelque part** – **nulle part**	– somewhere – nowhere
12. **de loin**	by far	21. **comme d'habitude**	– as usual
		22. **en plus**	in addition to
		23. **dans ce cas**	if so
		24. **pour ainsi dire**	so to speak
		25. **comme**	as

VOCABULAIRE

	traduction	synonyme-associé	contraire-associé
1. fâché	angry ≠ satisfied	furieux, se mettre en colère = to lose one's temper	satisfait, content = pleased
2. avoir l'intention de	to plan to	je vais = I'm going to	
3. courageux	brave		lâche = coward
4. se préparer	to get ready	faire sa toilette = to get washed	je suis prêt = I'm ready
5. habituel	usual ≠ unusual	typique = typical	inhabituel, rare
6. /très/plutôt	/very/rather	tout-à-fait = quite	à peine = hardly
7. propre	clean ≠ dirty		sale
8. (un) anniversaire	birthday	des félicitations = congratulations	
9. rattraper son retard	to catch up ≠ to fall behind		rester en arrière
10. – quelque chose d'autre? **– qui d'autre?** **– quoi d'autre?**	– something else? – who else? – what else?	quelqu'un d'autre = someone else, ailleurs = somewhere else	rien d'autre = nothing else
11. j'ai peur	I'm afraid	je suis effrayé = I'm frightened	
12. un piège	a trick	(un) traquenard = a trap	
13. tu triches	you're cheating	note: to cheat on s.o. = tromper quelqu'un	
14. d'après	according to	selon	
15. j'ai bien peur que	I'm afraid that		
16. décidez-vous	make up your mind		indécis = undecided
17. (un) résultat	result	(une) conclusion, (une) issue	
18. un idiot	idiot, fool	un crétin, un sot, un con = an ass	

LEÇON 22

IMPERFECT = WAS + -ING

Je regard<u>ais</u> le télé **pendant qu'il <u>lisait</u>.**
quand/lorsqu'il <u>est venu</u>.

I was watching TV <u>while</u> he was reading.
<u>when</u> he came in.

note: — This tense is most often used for an action that was happening (was going on) at a certain time.
— What is *vital* is to distinguish between the passé composé (I went/ have gone = je suis allé) and the imparfait, which is usually used with another verb in a sentence and which usually implies duration (I was eating <u>while</u> he was talking = Je mangeais <u>pendant</u> qu'il parlait).
— It answers the question: What were you doing when . . .?

je dorm<u>ais</u>	=	I <u>was</u> sleeping
tu dorm<u>ais</u>	=	you <u>were</u> sleep<u>ing</u>
il		he
elle dorm<u>ait</u>	=	she <u>was</u> sleep<u>ing</u>
on		one
nous dorm<u>ions</u>	=	we <u>were</u> sleep<u>ing</u>
vous dorm<u>iez</u>	=	you <u>were</u> sleep<u>ing</u>
ils **dorm<u>aient</u>** **elles**	=	they <u>were</u> sleep<u>ing</u>

note: Add the above endings to the stem of the 'we' form of the present.

insert the passé composé or the imparfait:

1) Pierre . . . (venir) quand ils . . . (dîner).
2) Vous . . . (écrire) une lettre quand j' . . . (appeler).
3) Nous . . . (manger) pendant que vous . . . (travailler).
4) Elle . . . (être) fatiguée lorsque je . . . (arriver).
5) Vous . . . (arrêter) de lire quand je . . . (entrer).
6) Il . . . (lire) son dernier roman, quand je lui . . . (téléphoner).
7) Ils . . . (voir) le patron quand il . . . (entrer) dans le magasin.
8) Vous . . . (être) occupé quand je . . . (arriver).
9) Il . . . (marcher) lorsque je l' . . . (rencontrer).
10) A six heures, il . . . (partir), pendant que nous . . . (continuer) à travailler.
11) Les secrétaires . . . (parler) quand le directeur . . . (entrer) dans la pièce.
12) Il se . . . (plaindre) pendant que nous . . . (parler).
13) Lorsque je . . . (venir), ils . . . (manger).
14) Quand je . . . (partir), il . . . (pleuvoir).
15) Quand vous m' . . . (appeler), je . . . (prendre) un bain.
16) Quand je vous . . . (voir), je ne vous . . . (reconnaître) pas.
17) Les étudiants . . . (tricher) quand le professeur . . . (quitter) la pièce.
18) Nous . . . (finir) la leçon quand j' . . . (devoir) partir.
19) Je . . . (rêver) pendant que tu . . . (travailler).
20) Quand j' . . . (voir) mon ami, il . . . (être) dans la rue.
21) Tu . . . (avoir l'air) triste quand je te . . . (rencontrer) hier.
22) Vous ne le . . . (savoir) pas encore quand je vous . . . (voir).
23) Je . . . (être) juste en train de me décider quand il . . . (décider) pour moi.
24) Quand nous . . . (commencer) à travailler, il . . . (commencer) à pleuvoir, et il . . . (pleuvoir) pendant deux heures.
25) Pendant que nous . . . (boire), les autres types . . . (manger) devant nous.
26) Nous . . . (être en train de) parler quand il me . . . (demander) de le suivre.
27) Les flics . . . (arriver) quand nous . . . (partir).
28) Vous . . . (être en train de) lire les journaux quand votre fils . . . (mettre) la télévision.

EST-CE QUE VOUS DORMIEZ QUAND JE VOUS AI TÉLÉPHONÉ?
Were you sleeping when I called?

Oui, je dormais/quand/lorsque vous m'avez téléphoné.
Non, je ne dormais pas/quand/lorsque vous m'avez téléphoné.

EST-CE QU'ELLE PARLAIT PENDANT QU'ELLE ÉCRIVAIT?
Was she talking while she was writing?

Oui, elle parlait pendant qu'elle écrivait.
Non, elle ne parlait pas pendant qu'elle écrivait.

---

translate:

1) What were you doing when I called?
2) It happens that I was entertaining when you called.
3) He let me down.
4) Were you working when I came in?
5) What were you doing while he was sleeping?
6) They were drinking while we were watching TV.
7) She was reading while he was talking with his boss.
8) They were taking an English lesson when we came in.
9) What were you whispering when she entered the room?
10) I was working hard while you were teasing the kids.

VERBES IRRÉGULIERS DU PREMIER GROUPE (imparfait)

ALLER: to go
j'allais

JETER: to throw
je jetais

REPÉRER: to spot
je repérais

COMMENCER: to begin
je commençais

APPELER: to call
j'appelais

ESPÉRER: to hope
j'espérais

MANGER: to eat
je mangeais

ACHETER: to buy
j'achetais

SUGGÉRER: to suggest
je suggérais

ENVOYER: to send
j'envoyais

RÉPÉTER: to repeat
je répétais

MENER: to lead
je menais

ÉPELER: to spell
j'épelais

COMPLÉTER: to complete
je complétais

PRÉFÉRER: to prefer
je préférais

PROTÉGER: to protect
je protégeais

PROJETER: to plan
je projetais

VERBES DU DEUXIÈME GROUPE (imparfait)

HAÏR: to hate
je haïssais

MAIGRIR: to lose weight
je maigrissais

ÉTABLIR: to set up
j'établissais

RÉUSSIR: to succeed
je réussissais

FAILLIR: almost . . .
je faillissais

CHOISIR: to choose
je choisissais

FOURNIR: to furnish
je fournissais

RÔTIR: to roast
je rôtissais

VERBES DU TROISIÈME GROUP (imparfait)

PRENDRE: to take
je prenais

ENTENDRE: to hear
j'entendais

COMPRENDRE: to
understand
je comprenais

ATTEINDRE: to reach
j'atteignais

VOIR: to see
je voyais

SAVOIR: to know
je savais

POUVOIR: can
je pouvais

VOULOIR: to want
je voulais

S'ASSEOIR: to sit
je m'asseyais

BOIRE: to drink
je buvais

DÉCÉVOIR: to
disappoint
je décevais

RECEVOIR: to receive
je recevais

VALOIR: to be worth
je valais

METTRE: to put
je mettais

PERMETTRE: to permit
je permettais

BATTRE: to beat
je battais

COMBATTRE: to fight
je combattais

DIRE: to say
je disais

LIRE: to read
je lisais

OBTENIR: to get
j'obtenais

VENIR: to come
je venais

DEVENIR: to become
je devenais

TENIR: to hold
je tenais

CONVENIR: to suit
je convenais

PARTIR: to leave
je partais

CONDUIRE: to drive
je conduisais

ÉCRIRE: to write
j'écrivais

COURIR: to run
je courais

COUDRE: to sew
je cousais

PREVENTIR: to warn
je prévenais

APPARTENIR: to belong
j'appartenais

SORTIR: to go out
je sortais

INTERDIRE: to forbid
j'interdisais

OUVRIR: to open
j'ouvrais

RIRE: to laugh
je riais

SENTIR: to feel
je sentais

RÉPONDRE: to answer
je répondais

NAÎTRE: to be born
je naissais

CONNAÎTRE: to know
je connaissais

RECONNAÎTRE: to
recognize
je reconnaissais

FAIRE: to do, to make
je faisais

SUIVRE: to follow
je suivais

PARAÎTRE: to look
je paraissais

VIVRE: to live
je vivais

CONVAINCRE: to
convince
je convainquais

121

translate:

1) Que faisiez-vous hier pendant que je dormais?
2) Je mangeais quand tu es venu.
3) Je répondais à la question pendant que les autres élèves m'écoutaient.
4) Il venait nous voir quand l'accident est arrivé.
5) J'achetais une nouvelle voiture quand j'ai rencontré ce type moche.
6) Les enfants regardaient la télévision pendant que leurs parents recevaient du monde.
7) Elle gagnait sa vie pendant qu'il dormait.
8) Je venais de sortir quand tu es entré.
9) Nous buvions pendant que toi, tu travaillais.
10) Quand tu m'as téléphoné, je prenais une douche.
11) Je prenais un bain lorsque tu es entré dans la salle de bain.
12) J'ouvrais juste le livre lorsque tu as téléphoné.
13) Nous faisions un voyage pendant que vous alliez en Amérique.
14) Je recevais beaucoup de monde hier soir lorsque tu es venu.

translate:

1) What were you doing when I called?
2) Why were your people working while I was sleeping?
3) She was taking a test while I was watching television.
4) The maid was doing the housework when we came home.
5) We were sightseeing when the accident happened.
6) She was getting married while her sister was getting divorced.
7) The students were making progress when the teacher had to leave.
8) What were you doing while we were eating?
9) He was winning while I was losing.
10) Were you sleeping when I called?
11) Were you writing letters while we were playing?
12) While we were living in New York, we saw a lot of plays.
13) The plane was taking off when we saw it.
14) The father came home just when the brats were shouting.

ADVERBES ET LOCUTIONS 5

1. **afin que**	so as to	14. **quel que soit**	regardless
2. – **à présent** – **pour le moment**	– at present – for the time being	15. **bref**	to make a long story short
		16. **si ce n'est que**	if only
3. – **à propos** – **dis donc**	– by the way – incidentally	17. **puisqu'il en est ainsi**	in the circumstances
4. **d'une façon ou d'une autre**	somehow	18. **sûrement**	definitely
		19. **définitivement**	for good
5. – **je vous en prie**	– by all means	20. **tout à fait**	altogether
– **par tous les moyens**	– by any means	21. **le comble**	on top of that
6. **en quelque sorte**	in a way	22. **tout compte fait**	all in all
7. **après tout**	after all	23. **quoi d'autre?**	what else?
8. **de plus en plus**	more and more	24. **peu importe**	no matter
9. **aujourd'hui en huit**	this time next week	25. **plus tard**	later on
10. **le lendemain soir**	the following night	26. **pourvu que**	as long as
		27. **n'importe**	whatever
11. – **dans une semaine** – **aujourd'hui en huit**	– a week from today	28. **jusqu'ici**	up to now
12. **peu de temps avant**	shortly before		
13. **à part**	apart from		

VOCABULAIRE

	traduction	synonyme-associé	contraire-associé
1. je préfèrerais y aller	I'd prefer going	j'aimerais mieux = I'd rather	
2. (un) visiteur	visitor	invité = guest	(un) hôte = host
3. /décevoir/une déception	/to disappoint /disappointment	il m'a déçu = he let me down	
4. gagner (de) l'argent	to earn (note: to win is also gagner)	gagner sa vie = to earn one's living	
5. amusez-vous bien	enjoy yourself	on s'est bien amusé = we had a good time	
6. exagérer	to exaggerate	aller trop loin = to go too far	
7. une expérience	an experiment		
8. il se trouve que	it happens that		
9. je trouve que	I feel that	je pense que = I think that	
10. protéger	to protect		
11. vérifiez-le	make sure		
12. vilain	naughty ≠ good	un sale gosse = a brat	sage
13. recevoir	/to receive/to entertain	(une) réception = party, fêter = to celebrate	
14. permettre	to permit ≠ forbid		interdire
15. plutôt que	rather than		
16. soyez le bien-venu!	welcome!	faites comme chez vous = make yourself at home	
17. hurler	to yell	crier = to shout	chuchoter = whisper
18. se battre	to fight	lutter = to struggle	
19. pédé	gay, queer ≠ dyke		gouine

124

LEÇON 23

CONDITIONAL — second form

Si j'<u>avais</u> de l'argent, j'<u>achèterais</u> une voiture.
  imparfait   +   conditionnel

If I <u>had</u> the money, I <u>would</u> buy a car.

SI VOUS AVIEZ DE L'ARGENT, ACHÈTERIEZ-VOUS UNE VOITURE?

If you had the money, would you buy a car?

Oui, si j'<u>avais</u> de l'argent, j'<u>achèterais</u> une voiture.
Non, si j'<u>avais</u> de l'argent, je n'<u>achèterais</u> pas de voiture.

---

note: This is not a problem as it follows the same structure as in English, except that you form the first part of the sentence with the imparfait and not the past — si j'avais ('si j'ai eu' is wrong).

Si . . . . j'achèter<u>ais</u> (I'd buy)

                 tu achèter<u>ais</u> (you'd buy)

                 il   (he'd
                 elle achèter<u>ait</u> (she'd buy)
                 on

                 nous achèter<u>ions</u> (we'd buy)
                 vous achèter<u>iez</u> (you'd buy)

                 ils
                 elles achèter<u>aient</u> (they'd buy)

---

note: Add the above endings (the same as for the imparfait) to the infinitive.

translate, then put in the first IF form:

e.g. Si tu étais malade, est-ce que tu irais chez le médecin?
  — If you were sick would you go to the doctor?
  — Si tu es malade, est-ce que tu iras chez le médecin?

1) Si tu avais de l'argent est-ce que tu achèterais un nouvel appartement?
2) Si vous pouviez est-ce que vous m'aideriez?
3) Si vous divorciez, est-ce que vous seriez malheureuse?
4) Si les touristes avaient le temps, est-ce qu'ils iraient voir les musées?
5) Si la pièce était un bide, est-ce que nous irions la voir tout de même?
6) Si sa société réussissait, la patron serait satisfait.
7) Si vous ne me compreniez pas, me le diriez-vous?
8) S'il pleuvait, nous prendrions un parapluie.
9) Si nous devions le faire, nous le ferions.
10) Si le temps était mauvais, nous ne ferions pas de promenade.
11) Si nous avions faim, nous finirions la viande d'hier soir.
12) Si elle ne pouvait pas venir, est-ce que tu viendrais seul?
13) Si je te devais de l'argent, je te le paierais immédiatement.
14) Si elle trompait son mari, il la battrait.

translate, then answer in the negative:

1) If that book belonged to you, would you lend it to me?
2) If you were late, would you call me up?
3) If you were a tourist would you go to the New York Museum of Modern Art?
4) If you were tired would you go to sleep in my bedroom?
5) If they were rich, would they travel?
6) If we had to choose a dentist, would we choose that one?
7) If you failed the test, would you go on working?
8) If I had to choose a husband, would I take yours?
9) If his broad weren't so funny, would he love her?
10) If we didn't have so much money, could we go to Paris?
11) If you could buy those cigarettes, would you give me some?
12) If she found a pretty apartment, would she buy it?
13) If that dress were on sale, would I take it?
14) If that lesson were a bore, would I go to the movies instead?

VOCABULAIRE

	traduction	synonyme-associé	contraire-associé
1. frapper	to hit	battre = to beat, donner une fessée = to spank	
2. mentir	to lie ≠ to tell the truth	un mensonge = a lie	dire la vérité
3. avoir l'air	to look	vous avez l'air fatigué = you look tired	
4. comme si	as though		
5. (le) Nord	North	Sud, Est, Ouest	
6. cela me paraît bien	it sounds good	je veux bien = je suis partant = I'm game	
7. quelle pagaille!	what a mess!		
8. /ma famille me manque/je manque à ma famille	/I miss my family /my family misses me		
9. allons-y!	let's go!	allez viens! = come on!	
10. enceinte	pregnant		(un) avortement = abortion
11. timide	shy		culotté = brazen
12. /(la) France/(les) États-Unis/(l') Italie/(la) Chine	/France/the United States/Italy/China	français, américain, italien, chinois	
13. précédent	previous		le dernier = the latter
14. − Allemagne − Espagne − Angleterre − Afrique	− Germany − Spain − England − Africa		
15. quelle histoire!	what a fuss!	faire des histoires = to make a fuss	
16. deviner	to guess	au pif = guess-work	
17. sans faute!	you bet!		

LEÇON 24

CONCORDANCE DES TEMPS = sequence of tenses

Elle dit qu'elle viendra.   She says she'll come.
present   +   future

Elle a dit qu'elle viendrait.   She said she'd come.
past   +   conditional

---

note: — You will often find the IMPARFAIT used instead of the PASSÉ
COMPOSÉ without the meaning really changing,
e.g. : — Elle a dit qu'elle viendrait =
— Elle disait qu'elle viendrait.

S'il a le temps, il viendra.
If he has the time, he'll come.

S'il avait le temps, il viendrait.
If he had the time, he'd come.

---

note: Remember that you must use the imparfait and not the passé composé
after 'si'.

put in the past:

1) Elle dit qu'elle va faire ses valises.
2) Je pense qu'il est fier de son livre.
3) Nous savons que nous allons faire des progrès à New York.
4) Ils trouvent qu'ils sont capables de le faire.
5) Vous savez qu'elle vous cherche.
6) Je lui dis ce que je pense.
7) Il écrit qu'il viendra la semaine prochaine?
8) Il prend le train qui est bondé.
9) Quand tu veux, nous pouvons partir.
10) Je pense qu'il en a ras-le-bol.
11) Ma mère ne sait pas que je passe un examen demain.
12) Tu penses qu'il trompe sa femme.
13) Je te dis que tu n'es pas obligé de m'aimer.
14) Il dit qu'il fera beaucoup de fautes parce qu'il n'est pas bon.

put in the present:

1) Je ne savais pas que je pourrais venir.
2) Il a dit que j'étais folle.
3) Nous pensions que nous prendrions le train ce matin.
4) Nous avons lu dans le journal que le temps serait beau.
5) Je savais qu'elle était enceinte.
6) J'ai trouvé qu'il en avait ras-le-bol.
7) Il savait qu'elle aimerait ton type.
8) J'espérais que nous recevrions beaucoup de monde.
9) Je pensais que tu ne serais pas fâché.
10) J'ai décidé que nous irions au cinéma.
11) Ils disaient qu'ils ne voulaient pas travailler mardi.
12) Le patron pensait que la société aurait plus de succès.
13) L'écrivain pensait que son livre était le meilleur de l'année.
14) Nous savions que nous serions en retard.

translate, then put in the present:

1) He told me she worked part-time.
2) I knew that you would realize we were wrong.
3) I thought my kid was bothering you a lot.
4) I was persuaded that you were already fed up.
5) I felt she looked crummy.
6) I knew you wouldn't be satisfied.
7) It so happened that you were right.
8) We didn't realize that it was so important.
9) She said that she'd agree with you.
10) We thought that you'd be able to come.
11) It seemed that he had to get a new job.
12) I didn't know that you were such a pain in the neck.
13) Didn't you realize that I could help you?
14) Did you think I was wrong?

translate, then put in the past:

1) She realizes that her husband's a bastard.
2) I know that you're lucky.
3) I want to know what you need.
4) She thinks she can go.
5) We don't understand what you're telling us.
6) Don't you realize that I'm fed up?
7) I'm convinced she's cheating on him.
8) I don't think he'll kick about the decision.
9) I hope you can drive.
10) We think she'll agree.
11) I think we must leave now.
12) I feel I have to help her.
13) It happens that you don't realize what you're saying.
14) She says she has to work hard.

answer in French in the first and second forms of IF:

1) If you're sick will you go to the doctor?
2) If I can't do it, will you help me?
3) If I don't have enough money, will you lend me some?
4) If the weather's nice, will they go to the beach?
5) If she has time, will she come with us?
6) If you go to France, will you meet interesting guys?
7) If I'm late, will you be angry?
8) If we work hard, will we pass the test?
9) If you entertain tonight, will you invite me?
10) If it rains, will we go?
11) If I feel better, will I have to go to the doctor?
12) If you're fed up, will you get divorced?
13) If the union has problems, will the boss be upset?
14) If he fails his exam, will he be disappointed?
15) If you lend me money, will I return it?
16) If you take a trip, can I come with you?
17) If I have to go to the doctor, will you go with me?
18) If she doesn't know, will you tell her?
19) If you don't plan to go out now, will you talk with me?
20) If she loses the game, will she cry?
21) If her husband cheats on her, will she leave him?
22) If she can leave her husband, will she?
23) If you have to work late, will you kick?
24) If I want you to stay, will you?
25) If the movie is crowded, will we go anyway?
26) If you work part-time, can you earn enough money?

VOCABULAIRE

	traduction	synonyme-associé	contraire-associé
1. mi-temps	part-time		plein temps = full-time
2. (un) syndicat	union	se mettre en grève = to go on strike	
3. connu	famous		inconnu = unknown
4. se plaindre	to complain ≠ to be satisfied	râler = to kick	être satisfait
5. (une) raison	reason	(une) explication = explanation, (un) détail = detail	(un) fait = fact
6. (une) idée	idea	(une) pensée = thought	
7. vous rendez-vous compte?	do you realize?		je ne me suis pas rendu compte = I didn't realize
8. (un) accident	accident	(une) catastrophe	
9. /embêter/ /déranger	/to annoy, bother /to disturb	enquiquiner = to bug	
10. être casse-pieds	to be a pain in the neck	(un) emmerdeur = a pain in the ass	
11. avoir du culot	guts	(le) toupet = nerve	
12. se disputer	to argue	se quereller = to quarrel	to get on = s'entendre bien
13. (une) dispute	an argument	une querelle = a quarrel	
14. principal	main	majeur = leading	
15. clair	clear	évident = obvious	vague
16. persuader	to persuade	convaincre = to convince	
17. Je ne sais pas conduire.	I don't know how to drive.		
18. j'en ai marre	I've had it	j'en ai ras-le-bol = I'm fed up	
19. au cas où	in case		

LEÇON 25

PARLANT — PRESENT PARTICIPLE	
en parlant	while speaking
en la voyant	on seeing her

note: — You form the present participle by adding -ANT to the stem of the 'we' form of the present.
— Verbs of the second group: finir → finissant.
— Avoir → ayant, être → étant.
— Ayant fini → having finished.
— Étant fatigué → being tired.
— THIS IS HOWEVER LESS USED IN FRENCH AND IS OFTEN REPLACED BY THE INFINITIVE!!

-ING → INFINITIVE	
sans payer	without paying
après avoir mangé	after eating/having eaten
avant d'aller	before going
au lieu de manger	instead of eating

translate:
1) He went out without paying.
2) She was eating while talking.
3) Instead of smoking, they eat a lot.
4) On seeing his broad with the guy, he left without having eaten.
5) Before going to the movie, I'm going to take a bath.
6) He died while reading.
7) Being tired I don't want to go out tonight.
8) After having telephoned, the murderer killed the cop.
9) Upon seeing him she cried.
10) Without working she passed her exam.

133

VERBES DU PREMIER GROUPE – PARTICIPE PRÉSENT

casser (to break)	→ cassant	penser (to think)	→ pensant
tomber (to fall)	→ tombant	couper (to cut)	→ coupant
donner (to give)	→ donnant	trouver (to find)	→ trouvant
parler (to speak)	→ parlant	gagner (to win)	→ gagnant
poser (to put)	→ posant	signifier (to mean)	→ signifiant
attraper (to catch)	→ attrapant	voler (to steal)	→ volant
éprouver (to feel)	→ éprouvant	enseigner (to teach)	→ enseignant
apporter (to bring)	→ apportant	secouer (to shake)	→ secouant
laisser (to let)	→ laissant	aller (to go)	→ allant
parier (to bet)	→ pariant	commencer (to begin)	→ commençant
coûter (to cost)	→ coûtant	manger (to eat)	→ mangeant
blesser (to hurt)	→ blessant	acheter (to buy)	→ achetant
fermer (to shut)	→ fermant	jeter (to throw)	→ jetant
quitter (to quit)	→ quittant	appeler (to call)	→ appelant
prêter (to lend)	→ prêtant	espérer (to hope)	→ espérant
dépenser (to spend)	→ dépensant	envoyer (to send)	→ envoyant
jurer (to swear)	→ jurant	payer (to pay)	→ payant
garder (to keep)	→ gardant	mener (to lead)	→ menant
déchirer (to tear)	→ déchirant	amener (to bring)	→ amenant
porter (to carry)	→ portant	nettoyer (to clean)	→ nettoyant
allumer (to light)	→ allumant		

VERBES DU DEUXIÈME GROUPE – PARTICIPE PRÉSENT

finir (to finish)	→ finissant	choisir (to choose)	→ choisissant
bâtir (to build)	→ bâtissant		

VERBES DU TROISIÈME GROUPE – PARTICIPE PRÉSENT

prendre (to take)	→ prenant	partir (to leave)	→ partant
entendre (to hear)	→ entendant	conduire (to drive)	→ conduisant
comprendre (to understand)	→ comprenant	écrire (to write)	→ écrivant
		courir (to run)	→ courant
voir (to see)	→ voyant	tenir (to hold)	→ tenant
savoir (to know)	→ sachant	sortir (to go out)	→ sortant
pouvoir (can)	→ pouvant	devenir (to become)	→ devenant
s'asseoir (to sit)	→ s'asseyant	ouvrir (to open)	→ ouvrant
boire (to drink)	→ buvant	rire (to laugh)	→ riant
vouloir (to want)	→ voulant	sentir (to feel)	→ sentant
mettre (to put)	→ mettant	répondre (to answer)	→ répondant
permettre (to permit)	→ permettant	connaître (to know)	→ connaissant
battre (to beat)	→ battant	naître (to be born)	→ naissant
combattre (to fight)	→ combattant	faire (to do, to make)	→ faisant
dire (to say)	→ disant	suivre (to follow)	→ suivant
lire (to read)	→ lisant	vivre (to live)	→ vivant
obtenir (to get)	→ obtenant	mourir (to die)	→ mourant
venir (to come)	→ venant	dormir (to sleep)	→ dormant

DÉJÀ – PAS ENCORE	= ALREADY – NOT YET
EST-CE QU'IL EST DÉJÀ VENU?	Has he/Did he come already?
Oui, il est déjà venu.	Yes, he has come already.
Non, il n'est pas encore venu.	No, he hasn't come yet.
Non, pas encore.	No, not yet.

translate:

1) He has already eaten.
2) Has he already finished his work?
3) Have they already telephoned? – No, not yet.
4) I've already done it.
5) He hasn't answered yet.

DONT	= WHOSE, OF WHICH, ABOUT
la femme dont le mari est mort	the woman whose husband is dead
l'homme dont je vous ai parlé	the man I spoke to you about
la maison dont tu vois le toit	the house the roof of which you can see

note: — Parler de (l'homme dont je vous parle).
      — Avoir besoin de (l'homme dont j'ai besoin).
      — Penser de (l'homme dont je pense).
      — Avoir l'habitude de (l'homme dont j'ai l'habitude).

translate:

1) The man I was telling you about is my best friend.
2) The broad whose guy is French is very sexy.
3) The man whom I'm thinking about hasn't come yet.
4) Can you give me the money I need?
5) I would like the kind of drink I'm used to.
6) He is the kind of man I need.
7) That's what I'm talking to you about.
8) The union whose men are on strike is strong.

VOCABULAIRE

	traduction	synonyme-associé	contraire-associé
1. (un) feu	fire	(un) pompier = fireman	
2. /(un) gangster /(un) escroc	/gangster/crook	(un) bandit, (un) voleur = robber	
3. voler	to steal	piquer = to swipe	
4. (une) prison	jail, behind bars	à l'ombre	
5. arrêter	to arrest ≠ to release	pincer = to nab	relâcher
6. un cambriolage	a burglary	un hold-up	
6. /tuer/un meurtrier /un meurtre	/to kill/a murderer /a murder	un tueur = a killer	
8. /tirer/descendre	/to shoot/to gun down	(un) revolver = gun, (une) balle = bullet	
9. honnête	honest ≠ crooked	droit = straight	malhonnête, louche
10. (une) vacherie	dirty trick	(un) coup bas = low deal	
11. (un) pot-de-vin	bribe	(un) backchich = kickback	
12. (un, une) journaliste	journalist	(un, une) reporter	
13. (un) politicien	politician	la politique = politics	
14. (un) candidat	candidate	voter = to vote	
15. (une, des) circonstances	circumstances		
16. de la drogue	drugs	du hash = pot	
17. s'échapper	to escape	s'enfuir = to get away	
18. embobiner	to hustle	berner, avoir qqn. = to take s.o. in	
19. le milieu	the underworld		
20. sa politique est	his policy is . . .		

VOCABULAIRE

	traduction	synonyme-associé	contraire-associé
21. atteindre	to reach	arriver à = to get to	
22. que trop bien	only too well		
23. ne pas pouvoir s'empêcher de	can't help+ing	je n'ai pas pu m'empêcher de rire = I couldn't help laughing	
24. faillir	almost + verb	j'ai failli tomber = I almost fell	
25. allons! allons!	come now!	voyons, à d'autres = I don't buy it	
26. (une) force	strength ≠ weakness	strong point = point fort	faiblesse, point faible = weak point
27. est-ce que cela vous gênerait si . . . ?	would you mind if . . . ?		cela ne me gêne pas = I don't mind
28. cela m'a pris une heure	it took me an hour		
29. et en plus	in addition to that	aussi bien que = as well as	
30. éveillé	awake		endormi = asleep
31. /(une) vie/vivant	/life/alive		la mort = death, mort = dead
32. mourir	to die		naître = to be born
33. remarquer	to notice		
34. (une, des) bêtises	nonsense	sot = bête = silly	
35. vachement!	like crazy!	sacrément!	
36. bon sang!	what on earth!	Mon Dieu! = My God!	
37. /suggérer/(une) suggestion	/to suggest/ suggestion	proposer, conseiller = to advise, un conseil = a piece of advice	
38. c'est ma faute	it's my fault		

LEÇON 26

PLUS-QUE-PARFAIT	PAST PERFECT
Il m'a dit **qu'il l'avait trouvé.** **qu'elle était déjà partie.**	He told me he <u>had found</u> it she <u>had</u> already <u>left</u>.

note: — This is the same structure as in English (an action 'paster' than another action).
— The verbs conjugated with ÊTRE in the past are also conjugated with ÊTRE in this tense (see Leçon 20, pp. 108-109).

translate:

1) The film was no great shakes.
2) He said he had seen a tiger in the zoo.
3) She said she had got divorced because he had cheated on her.
4) I met him before I had known his brother.
5) I had already lost a lot of weight before meeting him.
6) She wanted to know what had happened between them.
7) What did she say she had done with the paintings?
8) I was sure that I had seen him before.
9) I felt that you had been wrong all along.
10) By the time he came they had already eaten.
11) I had gone to the beauty parlour before going to the party.
12) The cop asked me who had stolen the money.
13) The papers were sure he had given bribes to the union.
14) By the time the underworld got the killer, he had already talked to the cops.
15) They had already been married six months when she realized he was a bastard.
16) She told me that she had found a great diet.

complete the following sentences using the plus-que-parfait:

1) Il a dit qu'il t'... (attendre) toute la journée.
2) Il a dit qu'il ... (venir) en vain.
3) Elle pensait que son mari ... (être) très intelligent mais qu'il ne l'était plus.
4) Il a dit qu'il ... (prendre) l'avion.
5) Il m'a demandé pourquoi je l'... (faire).
6) Elle voulait savoir pourquoi ils ... (voler) l'argent de la banque.
7) Est-ce qu'il a dit ce qui ... (arriver) à sa femme?
8) Il m'a demandé comment j'... (pouvoir) être là à l'heure.
9) Il a découvert tard que sa femme l'... (tromper) quand il ... (partir) en voyage d'affaires.
10) Je me suis rendu compte qu'il ... (faire) une erreur.
11) Je n'avais pas l'impression qu'elle ... (apporter) beaucoup de bagages.
12) Quand je suis arrivée, ils ... (louer) déjà la maison.
13) Est-ce que tu ... (fini) tes devoirs quand je suis rentré?
14) Il ne savait pas comment l'accident ... (arriver)
15) Avez-vous dit que vous ... (voir) déjà le film?
16) J'avais deviné que vous ... (perdre) le fric.
17) Je n'ai pas pensé qu'il ... (être) flic dans sa jeunesse.
18) Est-ce que je t'ai dit que j'... (perdre) mon vieux sac et que j'en ... (acheter) un autre.
19) Est-ce qu'elle a dit qu'elle ... (venir) en vélo?
20) Il m'a demandé si j'... (rencontrer) sa femme.
21) Je t'ai dit qu'il ... (être) une bonne poire.
22) Je me suis rendu compte que j'... (avoir) tort.
23) Je ne pensais pas que quelque chose ... (aller) de travers.
24) Il ... (mourir) déjà au moment ou ses peintures sont devenues célèbres.
25) Je t'ai dit que j'... (boucler) le travail hier.
26) Pourquoi m'as-tu dit qu'il t'... (mentir)?
27) Pourquoi lui a-t-elle dit qu'elle ... (partir)?
28) Je ne savais pas pourquoi il ... (venir) si tard.

TO GET — how to translate?

recevoir

— I got it yesterday.
Je l'ai reçu hier.

— When will I get it?
Quand est-ce que je le recevrai?

devenir

— He's getting old.
Il devient vieux.

— It's getting interesting.
Ça devient intéressant.

joindre

— I couldn't get you.
Je n'ai pas pu vous joindre.

— Did you get him?
Est-ce que vous avez pu le joindre?

piger, comprendre

— Get it?
Vous pigez?

— I don't get you.
Je ne vous comprends pas.

attraper

— You're going to get it?
Tu vas l'attraper!

— I really got it when I came back later.
Je me suis vraiment fait attraper quand je suis rentrée en retard.

arriver

— We got there late.
Nous y sommes arrivés tard.

— We're getting nowhere.
Nous n'arrivons nulle part.

translate:

1) Do you get it?
2) If you don't get home on time, you'll get it!
3) I got his gift yesterday.
4) It's getting interesting.
5) My in-laws are getting old.
6) I tried to call you all day long, but I couldn't get you.
7) The cops are going to get the murderer.
8) Get it?
9) He never gets me.
10) When do you think I'll get your letter?

VOCABULAIRE

	traduction	synonyme-associé	contraire-associé
1. compléter	to complete ≠ to start	finir = to finish, boucler = to wind up	commencer, débuter, démarrer
2. (une) condition	condition	(une) position, un état = state	
3. aller de travers	to go wrong	empirer = to get worse	aller mieux = to get better
4. (un) exemple	example	(un) cas = case	
5. (une) lumière	light		(une) obscurité = dark
6. /(un) fruit/(une) pêche/(une) pomme	/fruit/peach/apple	un pamplemousse = a grapefruit, (une) orange = orange	
7. comme ci, comme ça	so-so ≠ great	pas terrible = no great shakes	terrible, formidable
8. (une) barbe	beard	se raser = to shave	
9. /(un) tableau /(un) artiste	/a picture/an artist	peindre = to paint, une peinture = a painting	
10. un écrivain	a writer	(un) roman = novel	
11. /(une) silhouette /(un) régime	/figure/diet	la ligne, (un) visage = face	
12. (un) corps	body	(un) cou = neck, (une) épaule = shoulder	
13. trop maigre	underweight ≠ overweight	mince = slim	trop gros, lourd = heavy
14. maigrir	to lose weight		grossir = to gain weight
15. /(un) salon de coiffure/(une) mise en plis	/beauty parlour /wash and set	(un) coiffeur = hairdresser, (un) barbier = barber	
16. /(un) zoo/(un) animal/(un) animal domestique	/zoo/animal/pet	(un) tigre = a tiger, (un) lion = a lion, (un) éléphant = an elephant, (un) oiseau = a bird, (un) singe = a monkey, (un) ours = a bear, (un) canard = a duck	

LEÇON 27

CONDITIONAL — third form

Si j'ai de l'argent, j'achèterai une voiture.
If I have the money, I'll buy a car.

Si j'avais de l'argent, j'achèterais une voiture.
If I had the money, I'd buy a car.

SI J'AVAIS EU DE L'ARGENT, J'AURAIS ACHETÉ UNE VOITURE.
If I had had the money, I would have bought a car.

note: This third form is formed by the plus-que-parfait in the first part of the sentence and the past conditional (conditional of AVOIR + past participle) in the second part.

AVOIR	ÊTRE
SI J'ÉTAIS RICHE,	**SI J'AVAIS PU,**
j'aurais acheté	**je serais allé(e)**
tu aurais acheté	**tu serais allé(e)**
il	**il**
elle aurait acheté	**elle serait allé(e)**
on	**on**
nous aurions acheté	**nous serions allés(ées)**
vous auriez acheté	**vous seriez allés(ées)**
ils	**ils**
elles auraient acheté	**elles seraient allés(ées)**

note: Remember which verbs are conjugated with ÊTRE (Leçon 20, page 108).

EXAMPLE VERBS — **AVOIR**

Si vous aviez eu de l'argent, auriez-vous acheté une voiture?
If you had had the money, would you have bought a car?

Oui, si j'avais eu de l'argent, j'aurais acheté une voiture.
Non, si j'avais eu de l'argent, je n'aurais pas acheté de voiture.

EXAMPLE VERBS — **ÊTRE**

Si vous aviez été malade, seriez-vous allé au lit?
If you had been sick, would you have gone to bed?

Oui, si j'avais été malade, je serais allé au lit.
Non, si j'avais été malade, je ne serais pas allé au lit.

FALLOIR

S'il faut le faire, je le ferai.
If I have to do it, I'll do it.

S'il fallait le faire, je le ferais.
If I had to do it, I'd do it.

S'il avait fallu le faire, je l'aurais fait.
If I had had to do it, I would have done it.

143

POUVOIR

Si je peux, je viendrai.
If I can, I'll come.

Si je pouvais, je viendrais.
If I could, I'd come.

Si j'avais pu, je serais venu.
If I could have, I would have come

ÊTRE

Si je suis malade, j'irai chez le medecin.
If . m sick, I'll go to the doctor.

Si j'étais malade, j'irais chez le médecin.
If I were sick, I'd go to the doctor.

Si j'avais été malade, je serais allé chez le medecin.
If I had been sick, I would have gone to the doctor.

ALLER

Si j'y vais, vous irez aussi.
If I go, you'll go too.

Si j'y allais, vous iriez aussi.
If I went, you'd go too.

Si j'y étais allé, vous y seriez allé aussi.
If I had gone, you would have gone too.

translate:

1) If you had had enough money, would you have bought a new car?
2) I warn you you'd better go now.
3) How pretty she is!
4) If she had been a bitch would he have loved her anyway?
5) If you had been sick would you have gone to the doctor?
6) If the kids had been bad would the mother have gone crazy?
7) If the boss had not been here, the guys wouldn't have worked.
8) If you hadn't called me, I would have called you.

translate, then give the negative answer:

1) Si vous aviez été fatigué, est-ce que vous auriez arrêté de travailler?
2) Si elle avait eu faim, est-ce qu'elle aurait mangé quelque chose?
3) Si j'avais été malade, est-ce que tu serais venu avec moi chez le médecin?
4) Si nous avions gagné, aurions-nous été heureux?
5) S'il avait eu mal à la tête, est-ce qu'il aurait pris un comprimé?
6) Si les prix avaient baissé, aurions-nous acheté une maison?
7) Si je n'avais pas pu le faire, est-ce que tu m'aurais aidé?
8) S'il avait plu, est-ce qu'il aurait pris son parapluie?
9) Si le meurtre avait eu lieu chez toi, aurais-tu été inquiet?
10) Si je t'avais invité hier soir, serais-tu venu?
11) Si j'avais eu à le faire pour aujourd'hui, est-ce que je l'aurais pu?
12) Si j'avais eu le temps, est-ce que tu serais venu avec moi au cinéma?
13) S'il ne l'avait pas trompée, est-ce qu'elle aurait divorcé?
14) Si elle n'avait pas eu de voiture, est-ce qu'elle aurait fait le voyage?
15) S'il avait fallu travailler dimanche, est-ce que tu l'aurais fait?
16) Si les gosses ne l'avaient pas voulu, est-ce qu'elle serait allée au zoo?
17) Si tu avais été moi, est-ce que tu aurais fait la même chose?
18) Si j'avais eu besoin de fric, est-ce que tu m'en aurais prêté?
19) Si nous n'avions pas pu téléphoner, est-ce qu'il l'aurait compris?
20) Si tu en avais eu ras-le-bol, est-ce que tu me l'aurais dit?

give the second and the third form of IF:
e.g. Si Jane vient, elle m'aidera.
 — Si Jane venait elle m'aiderait.
 — Si Jane était venue, elle m'aurait aidé.

1) Si tu déménages, je t'aiderai.
2) S'il prend sa retraite, il aura beaucoup d'argent.
3) Si tu es têtue, je râlerai.
4) S'ils acceptent, le patron sera content.
5) Si tu peux venir, je serai heureuse.
6) S'il faut le faire, je t'aiderai.
7) Si tu ne réussis pas ton examen, tu auras à reprendre le cours.
8) S'il pleut, nous n'irons pas.
9) Si tu ne me prêtes pas de fric, je ne pourrai pas acheter une voiture.
10) Si sa femme le trompe, il ne la baisera plus.
11) Si vous nous décrivez bien la maison, nous la trouverons.
12) Si je n'ai pas à travailler, je jouerai avec mon chat.
13) Si je peux choisir, je prendrai celui-là.
14) Si j'ai le temps, je trouverai un meilleur boulot.
15) Si tu n'es pas moche, tu me donneras du fric.
16) Si je sais que tu es malade, je viendrai avec du potage.
17) Si tu penses que c'est mieux, je ferai comme tu dis.
18) Si je suis riche, j'irai chez le médecin.
19) S'il faut lui en parler, je le ferai.
20) S'il peut venir, viendras-tu avec lui?
21) S'il ne sait pas que sa sœur est enceinte, est-ce que tu lui diras?
22) Si tu me déçois, je serai malheureuse.
23) S'il a l'intention de la faire, il ne te demandera pas ton avis.
24) Si tu ne rattrapes pas le retard, le professeur sera fâché.
25) Si tu ne comprends pas, je t'expliquerai.
26) S'ils divorcent, les gosses seront tranquilles.
27) Si tu te rends compte, tu ne le feras pas.
28) Si ça fait mal, je continuerai.

give the three forms in French:

e.g. If I'm sick I'll go to the doctor.
 — Si je suis malade, j'irai chez le médecin.
 — Si j'étais malade, j'irais chez le médecin.
 — Si j'avais été malade, je serais allée chez le médecin.

1) If you wind up the work today, we'll go shopping.
2) If the play is no great shakes, I won't go.
3) If the writer is crummy, they won't read his books.
4) If you lose weight, your husband will be happy.
5) If he dies, I'll be sad.
6) If I have to go, will you come with me?
7) If he can help you, I know he will.
8) If the killer is caught, he'll go to prison.
9) If the politician is honest, it will be amazing.
10) If the reporter has to give a bribe, he'll give a big one.
11) If the gangster steals a lot of dough, he'll find a politician to protect him.
12) If you complain any more, I'll leave.
13) If everything goes wrong, I'll go to bed.
14) If she can't come, she'll call.
15) If they have to pay the bill, they'll be angry.
16) If you lie again, I'll have had it.
17) If you can guess, it will be amazing.
18) If she's pregnant, it won't be by her husband.
19) If you continue to yell, I'll hang up.
20) If you disappoint me again, I'll have to leave you.
21) If he earns a lot of money, I'll marry him.
22) If you can't catch up, it will be too bad.
23) If you decide now, you can come with us.
24) If you plan to go, you must tell me.
25) If you want to get your plane, you must pack now.
26) If you recognize her, it will surprise me.
27) If they get married now, they'll get divorced next year.
28) If we're fed up, we'll resign.

VOCABULAIRE

	traduction	synonyme-associé	contraire-associé
1. vous feriez mieux de	you'd better + verb		
2. /(un) bureau de post/(un) timbre	/post office /stamp	par avion = by air mail	
3. je vous préviens	I warn you	menacer = to threaten	
4. têtu	stubborn	obstiné = obstinate	
5. déménager	to move	emménager = to move in	
6. /(une) terre/(la) terre/(le) monde	/land/earth/world	(une) propriété = property	
7. Comme elle est jolie!	How pretty she is!		
8. /(une) montagne /(un) lac	/mountain/lake	(une) rivière = river	
9. /(une) enveloppe /(une) carte postale	/envelope/postcard	(une) lettre = letter	
10. accepter	to accept ≠ to refuse	admettre = to admit	refuser, nier = to deny .
11. à mon avis	in my opinion	quant à moi = as for me	
12. réglé	settled	arrangé = set	non décidé = up in the air
13. (une) situation	situation	(une) fonction = function	
14. (un) camion	truck		
15. (une) partie	part ≠ the whole		en entier
16. prendre sa retraite	to retire	démissioner = to resign	
17. ça a l'air	it looks like	il semble que = it seems that	
18. baiser	to screw, fuck	(note: baisser to lower)	
19. décrire	to describe	dépeindre = to depict	
20. ce foutu livre	this fucking book	ce sacré bouquin	

LEÇON 28

FALLOIR, DEVOIR, ÊTRE OBLIGÉ DE, AVOIR À =
TO HAVE TO, MUST

present	past
I must/have to go →	I had to go

— **Il faut**		— **Il fallait/a fallu**	
— **Je dois**	**aller** →	— **Je devais/ai dû**	**aller**
— **Je suis obligé(e) d'**		— **J'étais/ai été obligé(e) d'**	
— **J'ai à**		— **J'avais à/ai eu à**	

I'm supposed to go →	I was supposed to go	
— **Je dois**	) **aller** →	— **Je devais/ai dû**
— **Je suis censé(e)**		— **J'étais/ai été censé(e)**) **aller**

note: — IL FAUT = you, one, we, etc., must.
  — Il faut travailler = We have to work.
  — Il faut deux heures = Two hours are necessary.
— DEVOIR is much used and you must get used to using it. Special uses:
  — Il doit être malade = He must be sick.
  — Il a dû être malade = He must have been sick.

translate:

1) I can't bear him.
2) You must go today.
3) I'm wild about him.
4) She was supposed to tell you.
5) He must have been sick.
6) You must be tired.
7) Do we have to work so late?
8) I didn't have to tell you the truth.
9) You weren't supposed to ask him.
10) They must not have understood.

149

SHOULD — SHOULD HAVE

Maintenant **Demain** **vous <u>devriez</u> y aller.**	Now, Tomorrow you <u>should</u> go.
Hier, vous <u>auriez dû</u> y aller.	Yesterday you <u>should have gone</u>.

You <u>should</u> see her. You <u>should have seen</u> her.	**Vous <u>devriez</u> la voir.** **Vous <u>auriez dû</u> la voir.**
He <u>should</u> tell her. He <u>should have told</u> her.	**Il <u>devrait</u> lui dire.** **Il <u>aurait dû</u> lui dire.**

translate:

1) You should have bought more vegetables.
2) He really should call her.
3) I feel that we should have told them we were wrong.
4) You should never have said that.
5) Why should I write to him?
6) I don't think you should write now, but you should have written last week.
7) Why shouldn't the kids have gone alone?
8) Do you think I should tell him? — No, I don't think you should say anything.
9) He shouldn't have lied.
10) You should see that movie.
11) You're right. We should have gone with you.
12) Don't you feel she should have gone with him? — Yes, I told you I thought she should have gone.

translate, then convert to a question:

1) Tu aurais dû travailler plus vite.
2) Il était censé être un bon médecin.
3) Il n'est pas venu, il a dû être malade.
4) J'aurais dû vous le dire plus tôt.
5) Je ne peux pas trouver mon parapluie, j'ai dû le perdre.
6) La nana s'est mariée, elle a dû être dingue.
7) Je n'ai pas à y aller.
8) Je trouve vraiment que tu devrais lui dire que tu as tort.
9) Je trouve qu'il aurait dû venir tout de même.
10) Vous ne devriez pas lui parler comme ça.
11) Je suis censée être au travail cet après-midi.
12) Il faut absolument aller le voir aujourd'hui.
13) Il faut prendre l'avion pour aller à Paris.
14) Le manteau n'était pas cher. Ils ont dû baisser leur prix.

translate, then put in the past:

1) I'm supposed to go this evening.
2) Do we have to pay a lot of dough for the house?
3) Should the killer go to jail?
4) I'm supposed to call her tonight but I won't.
5) I don't think you should go.
6) Do you really have to work this week-end?
7) Why did they do that? They must be crazy.
8) I must speak to you.
9) The men didn't come. The unions must be on strike.
10) Do you think she should get divorced?
11) I know you're supposed to meet her at the station.
12) Should he buy her a gift for her birthday?
13) You shouldn't be wild about him.
14) The boss isn't here. He must be sick.

VOCABULAIRE

	traduction	synonyme-associé	contraire-associé
1. louer	to rent	sous-louer = to sublet	
2. (un, une) propriétaire	owner		(un) locataire = tenant
3. /(une) méthode /(une) façon	/method/way	(un) système = system, (un) style = style	
4. ordinaire	ordinary ≠ exceptional	quelconque = commonplace	exceptionnel, dément = far-out
5. dans le vent	in, with it	dans le coup, moderne = modern	vieux jeu = old fashioned = démodé
6. (un) mot	word	(une) phrase = sentence	
7. (le) gaz	gas	pétrole = oil	
8. juste	scarce ≠ abundant		abondant
9. (un) bruit	noise ≠ silence	(un) tapage = racket	silence (le)
10. – en bus – en voiture	– by bus – by car	en avion = by plane	
11. en vain	in vain, useless	inutile ça ne sert à rien = it's to no avail	
12. je ne peux pas le sentir	I can't bear him	je ne peux pas le blairer	je suis fou de = I'm wild about
13. causer	to cause	déclencher = to bring on	
14. C'est le comble!	That beats all! That's the limit	c'est le pompom, la fin de tout	
15. (une) bonne poire	sucker	(un) gogo	
16. absurde	absurd, ridiculous	ridicule, tiré par les cheveux	logical = logique, pratique = practical
17. des affaires	business (note: an affair = une aventure)	faire des affaires = to do business	

LEÇON 29

SI = SO

Il est $\frac{si}{tellement}$ malade qu'il ne peut travailler.

He is so sick that he can't work.

TELLEMENT = SO MUCH

Il a **tellement** d'argent!   He has <u>so much</u> money!
Il parle **tellement**!   He speaks <u>so much</u>!

---

translate:

1) Son type est si drôle qu'il n'est jamais ennuyeux.
2) Le patron était si fâché qu'il est parti.
3) Tu parles tellement!
4) Il mange tellement qu'il grossit beaucoup.
5) Elle est si fatiguée qu'elle va rester au lit.
6) Nous avons tellement ri!

translate:

1) She is so stubborn she won't listen to you.
2) She's so frank that it hurts.
3) You're so rich!
4) He drank so much coffee he couldn't sleep.
5) Her guy is so handsome!
6) They're so unhappy they should get divorced.

ÉTAIT EN TRAIN DE . . .   WAS + -ING, WAS IN THE MIDST
                                     OF

J'étais en train de t'écrire quand tu m'as téléphoné.
I was just writing to you when you called.
---

translate:

1) I'm in the midst of eating and I was in the midst of eating when you called.
2) They were in the midst of taking French lessons when you came in.
3) You were in the midst of reading when your brother turned the TV on.
4) I was just getting used to the teacher when she left.

EN = SOME

J'en ai.   I have some of it/them, etc.

Vous en voulez?   Do you want some of it/them, etc.

Je lui en parlerai.   I'll speak to him about it.
---

note: Frequent use of 'EN' with verbs followed by 'de':
 — avoir besoin de   → j'en ai besoin = I need it/some.
 — parler de   → on en parlera = we'll speak about it.
 — avoir l'habitude de → je n'en ai pas l'habitude = I'm not used to it.
 — penser de   → qu'en pensez-vous? = what do you think
                                                  about it?

give the affirmative and negative answers using **en**:

1) Avez-vous de l'argent?
2) Est-ce que vous parliez de moi quand je suis entré?
3) Avez-vous l'habitude de beaucoup fumer?
4) Est-ce que vous pensez du bien de sa nana?
5) Est-ce que son frère a de la chance?
6) Est-ce que le patron a besoin de plusieurs secrétaires?
7) Est-ce que les gosses parlent beaucoup de leurs problèmes?
8) Est-ce que vous avez besoin d'une voiture?

translate:

1) I have been living there for a year.
2) Are you going there tonight?
3) He came there with me.
4) They bought their house there.

NE PAS = NOT TO

Je t'ai dit de <u>ne pas</u> le faire.   I told you <u>not to</u> do it.

---

translate:

1) I told you not to work too much.
2) He warned me not to go.
3) You promised me not to leave me.
4) She wrote not to wait for her.
5) I asked him not to call.

LA RAISON POUR LAQUELLE = THE REASON WHY

C'est la raison <u>pour laquelle</u> je ne viendrai pas.
That's the reason why I won't come.

---

translate:

1) That's the reason why he wants to drive to the beach.
2) That's the reason why it fits me.
3) I'm disappointed and that's the reason why I'm leaving.
4) I don't know and that's the reason why I'm beating around the bush.
5) I don't know and that's the reason why I can't answer.
6) I feel you're wrong and that's the reason why I don't agree.
7) We're poor and that's the reason why we need money.
8) He's an ass and that's the reason why I'm getting divorced.
9) Her guy's swell and that's the reason why she wants a kid.
10) I do it every day and that's the reason why I'm getting used to it.

VOCABULAIRE

	traduction	synonyme-associé	contraire-associé
1. énorme	huge	immense	tout petit = tiny
2. /(un) étranger /(un) inconnu	/foreigner/stranger	à l'étranger = abroad	
3. /franc /franchement	/frank/frankly	honnêtement = honestly	tourner autour du pot = to beat around the bush
4. (une) habitude	habit	s'habituer = to get used to	
5. conduire	to drive	monter à cheval = to ride	
6. imaginer	to imagine	prétendre = to pretend, faire croire = to make believe	
7. augmenter	to increase ≠ to decrease, go down	grimper = to go up	diminuer, dégringoler
8. /ça me va (taille) /ça convient	/it fits/it's suitable		large = loose, serré = tight
9. s'y faire	to get used to it	prendre l'habitude	
10. une chance	a chance, break	une occasion, une possibilité	
11. aimable	friendly		pas aimable, froid = cold
12. (un) passager	passenger		(le) conducteur
13. un répit	a break	une pause = a pause	
14. le fait est que	the point is ≠ that's not the point		là n'est pas la question
15. enchanté	delighted, thrilled	ravi, excité	déçu = disappointed
16. calme	calm ≠ excited		excité
17. quand même	anyway, in any case	de toutes façons, de toutes manières, en tout cas	
18. quand même!	still!		

LEÇON 30

LES VERBES PRONOMINAUX – **SE LAVER**

<u>je</u> <u>me</u> **lave** = I'm getting washed / I wash	je <u>ne</u> <u>me</u> **lave** <u>pas</u>
<u>tu</u> <u>te</u> **laves**	tu <u>ne te</u> **laves** <u>pas</u>
<u>il</u> <u>elle</u> <u>se</u> **lave** <u>on</u>	il elle <u>ne se</u> **lave** <u>pas</u> on
<u>nous</u> <u>nous</u> **lavons**	nous <u>ne nous</u> **lavons** <u>pas</u>
<u>vous</u> <u>vous</u> **lavez**	vous <u>ne vous</u> **lavez** <u>pas</u>
<u>ils</u> <u>elles</u> <u>se</u> **lavent**	ils elles <u>ne se</u> **lavent** <u>pas</u>

note: — 'Reflexive verbs are extremely frequent in French.
   — Mistakes are not very important, but you should try to get used to
   the structure, 'I wash myself'!

EST-CE QUE VOUS VOUS LAVEZ TOUS LES JOURS?
Do you wash everyday?

Oui, <u>je</u> <u>me</u> lave tous les jours.
Non, je <u>ne</u> <u>me</u> lave <u>pas</u> tous les jours.

SOME REFLEXIVE VERBS

se lever	to get up	**s'habiller**	to get dressed
se promener	to go for a walk	**s'attendre à**	to expect
se rendre compte de	to realize	**se faire à**	to get used to
se ficher de	not to give a darn	**se réveiller**	to wake up
se décider	to make up one's mind	**se dépêcher**	to hurry up
		se demander	to wonder
se tromper	to make mistakes	**se reposer**	to rest
s'amuser	to have a good time	**se plaindre de**	to complain
		se sentir	to feel
se foutre de	not to give a shit	**se marier**	to get married
se douter de	not to doubt	**s'énerver**	to get excited
s'appeler	to be named	**se souvenir de**	to remember
se laver	to get washed	**se moquer de**	to make fun of
se déshabiller	to get undressed	**aller se coucher**	to go to bed

note: Many of these verbs can be used reflexively or not:
— Elle habille l'enfant = She dresses the kid. MAIS:
— Elle s'habille = she's getting dressed.

SE = each other

On se parle souvent = We often speak <u>to each other</u>.
On s'aime = Nous nous aimons = We love <u>each other</u>.
On se voit souvent = Nous nous voyons souvent = We often see <u>each other</u>.

translate, then answer in the negative:

1) Est-ce que vous vous trompez souvent?
2) Est-ce qu'il se souvient de ses dernières vacances?
3) Est-ce que vous vous appelez Smith?
4) Est-ce que vous vous foutez de ce que je dis?
5) Est-ce qu'il se repose chaque après-midi en vacances?
6) Est-ce qu'elle se demande pourquoi il l'a quittée?
7) Est-ce que vous vous êtes mariéz à l'église?
8) Est-ce que vous vous déshabillez devant votre mari?
9) Est-ce qu'on se promène souvent le week-end?
10) Est-ce que tu te lèves tôt tous les matins?
11) Est-ce que vous vous amusez beaucoup le soir?
12) Est-ce que vous vous sentez bien?
13) Est-ce que vous vous doutez de ce que je vais vous dire?
14) Est-ce que vous allez vous décider ou pas?

translate:

1) I'm washing and getting dressed for the party.
2) We're wondering why you told him not to go.
3) They're getting married tomorrow but they'll only stay married a month.
4) We'll have a great time tonight.
5) I make mistakes all the time.
6) Do you realize what you're saying?
7) If you want to, we'll go for a walk.
8) If you don't go to sleep early, you'll never get up on time.
9) Why don't you rest before dinner?
10) I don't remember his face.
11) He is always complaining.
12) I can't make up my mind.
13) I don't give a darn about anything.
14) I don't expect him to call.

VOCABULAIRE

	traduction	synonyme-associé	contraire-associé
1. évidemment	obviously ≠ doubtful	sans aucun doute = without a doubt	douteux
2. /(un) savon /(une) serviette /(une) brosse à dents	/soap/towel /toothbrush	(le) dentifrice = toothpaste	
3. /pratiquement tout/tant	/practically all /so very much	presque tout = nearly all, si-tellement = so	
4. /(une) couverture /(un) oreiller	/blanket/pillow	(un) drap = sheet	
5. /n'importe quand /où que n'importe quoi	/whenever/wherever /whatever	toutes les fois que = every time, n'importe où = anywhere	
6. (une) conversation	conversation	bavarder = to chat	
7. se réaliser	to come true		
8. du piston	contacts	relations = connections, liens = ties	
9. permanent	permanent		temporaire = temporary
10. /(un) arbre/(une) fleur/(un) jardin /(une) cour	/tree/flower /garden/yard	(un) parc = park, (une) forêt = forest, (une) herbe = grass	
11. /(un) ciel/(une, des) étoiles	/sky/stars	la lune = the moon	
12. (une) gratte-ciel	skyscraper	(une) vue = sight	
13. plus loin	further		plus près = nearer
14. (un) potin	gossip	commérages	
15. frais	fresh		rance = stale
16. dehors	outside ≠ outdoors		à l'intérieur
17. s'évanouir	to faint		
18. tel quel	as is		
19. depuis lors	ever since		

LEÇON 31

MOI-MÊME =	MYSELF
moi-même	myself
toi-même	yourself
lui-même	himself
elle-même	herself
soi-même	oneself
nous-mêmes	ourselves
vous-mêmes	yourselves
eux-mêmes **elles-mêmes**	themselves

FAITES LE VOUS-MÊME.
Do it yourself.

ELLE S'EST HABILLÉE ELLE-MÊME.
She got dressed herself.

note: — Chacun le fait soi-même =
each one does it himself (by
himself).
— I did it myself = Je l'ai fait
moi-même = Je l'ai fait tout
seul = I did it alone.

fill in the reflexive:

1) Est-ce que l'écrivain a écrit le spot . . . ?
2) Je sais que tu l'as fait . . .
3) Est-ce que les deux frères ont monté l'affaire . . . ?
4) Est-ce qu'elle a payé . . . ses impôts?
5) Le patron a engagé . . . la secrétaire.
6) Les ouvriers . . . se sont mis en grève.
7) Est-ce que tu t'es débrouillé . . . pour ne pas travailler le week-end?
8) Nous avons . . . préparé le repas.
9) Le directeur n'a pas pris les risques . . .
10) Est-ce que vous avez organisé . . . la réunion?
11) Est-ce que l'usine fabrique . . . les produits qu'elle vend?
12) Est-ce que vous l'avez licenciée . . . ?
13) Est-ce qu'ils ont construit . . . leur maison?
14) Je pense que je pourrai finir le travail . . .

161

VERBES PRONOMINAUX — PAST = THE PRESENT OF ÊTRE
+ PAST PARTICIPLE

Je me <u>suis</u> lav<u>é(e)</u> hier.	Je <u>ne</u> me <u>suis pas</u> lav<u>é(e)</u> hier.
Tu t'<u>es</u> lav<u>é(e)</u> hier.	Tu <u>ne</u> t'<u>es pas</u> lav<u>é(e)</u> hier.
Il Elle s'<u>est</u> lav<u>é(e)</u> hier. On	Il Elle <u>ne s'est pas</u> lav<u>é(e)</u> hier. On
Nous <u>nous sommes</u> lav<u>és(ées)</u> hier.	Nous <u>ne nous sommes pas</u> lav<u>és(ées)</u> hier.
Vous vous <u>êtes</u> lav<u>és(ées)</u> hier.	Vous <u>ne vous êtes pas</u> lav<u>és(ées)</u> hier.
Ils Elles se <u>sont</u> lav<u>és(ées)</u> hier.	Ils Elles <u>ne se sont pas</u> lav<u>és(ées)</u> hier.

EST-CE QUE VOUS VOUS ÊTES PROMENÉ HIER?	Did you go for a walk yesterday?
Oui, je me <u>suis</u> promen<u>é</u> hier.	Yes, I went for a walk yesterday.
Non, je <u>ne me suis pas</u> promené hier.	No, I didn't go for a walk yesterday.

put into the past:

1) Je me demande s'il viendra.
2) Il ne se rend pas compte de ce qu'il dit.
3) Je vais me coucher si tu ne me parles pas.
4) Tu te moques de moi trop souvent.
5) Est-ce que tu te souviens de notre première nuit ensemble?
6) Est-ce qu'ils se trompent autant que nous?
7) On se promène cet après-midi.
8) Elle se lave et elle s'habille vite.
9) Tu te réveilles toujours à la même heure.
10) Je me dépêche pour aller avec toi.
11) Nous ne nous plaignons de rien.
12) Elle s'énerve facilement.
13) Je m'amuse tout le temps avec toi.
14) Tu ne te décides jamais vite.

translate:

1) You got excited yesterday. You get excited again today.
2) She didn't realize that her husband was cheating on her.
3) The broads went upstairs to get undressed and to wash.
4) We used to talk to each other, but we don't any more.
5) We woke up late on vacation and now we wake up early for work.
6) I didn't make mistakes yesterday and I'm not making mistakes now.
7) What time did you go to bed last night?
8) I didn't remember her husband or the kids either.
9) I don't give a shit about his problems.
10) We had a good time last night. We always have a good time.
11) I hurried up but you didn't realize that I wanted to see you sooner.
12) He never makes up his mind quickly enough. Have you made up your mind yet?
13) You made fun of me yesterday. I'm fed up with you.
14) She got married again. I wonder if she remembers all her husbands.

163

VOCABULAIRE

	traduction	synonyme-associé	contraire-associé
1. fabriquer	to manufacture	faire = to make	
2. (une) réunion	meeting		
3. (une) usine	factory	ouvriers = workers	
4. le marché	the market		
5. organiser	to organize	établir = to set up	
6. en détail	retail ≠ wholesale		en gros
7. (un) personnel	staff		
8. engager	to hire ≠ to fire	embaucher = to take on	licencier, saquer
9. /(un) ingénieur /(un) pont	/engineer/bridge		
10. /c'est entendu /c'est une grosse affaire/des affaires importantes	/it's a deal/it's a big deal/big business	monter une affaire = to put a deal together	
11. construire	to build	bâtir	
12. (une) machine	machine	un ordinateur = a computer	
13. (une) annonce	an ad	faire de la publicité = to advertise	
14. (un) spot	a commercial		
15. (un) client	client ≠ salesman		vendeur
16. /(un) revenu/(un, des) impôts	/income/taxes		
17. (un) salaire	salary, pay	(une) paye	
18. /(un) risque /risqué	/risk/risky	hasardeux, courir sa chance = to take a chance	c'est dans le sac = it's a sure thing
19. il prétend que ...	he claims that ...		
20. il s'est débrouillé	he swung it	il est arrivé à = he managed to	

164

LEÇON 32

PRÉSENT — THE problem!

Je travaille <u>tous les jours</u>.	I work everyday.
Je travaille <u>maintenant</u>.	I'm working now.
Je travaille <u>depuis une heure</u>.	I've been working for an hour.

note: The French PRESENT is so extensively used that it's meaning can be tricky to grasp.

FUTUR

	demain.		tomorrow.
Je <u>travaillerai</u>	**dans deux jours.**	I'll work	in two days.
	la semaine prochaine.		next week.

PASSÉ COMPOSÉ

	hier.	I worked	yesterday.
J'ai <u>travaillé</u>	**la semaine dernière.**	I (have) worked	last week.
	il y a deux jours.		two days ago.

```
IMPARFAIT — the other problem!

Je travaillais    quand vous êtes venu.
                  pendant que vous parliez.

I was working     when you came.
                  while you were talking.
```

note: — Distinguish between:
    — I worked yesterday = J'ai travaillé hier.
    — I was working when you called = Je travaillais quand tu as appelé.

```
PLUS-QUE-PARFAIT

Il m'a dit qu'il vous avait vu.        He told me he had seen you.
J'ai pensé que vous étiez déjà partie. I thought that you had already left.
```

```
SI = IF

Si j'ai de l'argent j'achèterai une voiture.
If I have the money, I'll buy a car.

Si j'avais de l'argent, j'achèterais une voiture.
If I had the money, I'd buy a car.

Si j'avais eu de l'argent, j'aurais acheté une voiture.
If I had had the money, I would have bought a car.
```

fill in the correct tense:

1) Ils . . . (se promener) ensemble hier.
2) Est-ce que tu . . . (faire) la cuisine demain? – Je l' . . . (faire) hier.
3) Tu . . . (regarder) la télé depuis deux heures.
4) Est-ce que vous . . . (aller) au cinéma il y a deux semaines?
5) Il . . . (lire) pendant que je . . . (dormir).
6) Ils . . . (se disputer) depuis une heure.
7) Est-ce que tu . . . (être) déjà en Angleterre?
8) Depuis quand . . . (être) vous ici?
9) Il . . . (conduire) quand l'accident . . . (arriver).
10) Ils . . . (être marié) depuis deux ans.
11) Elle . . . (dormir) malgré la pluie.
12) Au moment ou les flics . . . (attraper) les escrocs, ils . . . déjà (voler) beaucoup d'argent.
13) Je . . . (penser) que tu . . . (partir) il y a une heure.
14) Nous . . . (apprendre) le français depuis un an.
15) Est-ce que vous . . . (voir) déjà ce film?
16) Je . . . (devoir) aller avec lui hier.
17) Qu'est-ce que tu . . . (faire) quand je . . . (entrer).
18) Elle . . . (être) malheureuse depuis son mariage.
19) Nous . . . (commencer) une autre leçon demain.
20) Je ne . . . (pouvoir) pas le faire hier et je ne . . . (pouvoir) pas le faire demain.
21) J' . . . (essayer) de t'appeler depuis ce matin.
22) Est-ce qu'elle . . . (faire la cuisine) quand tu . . . (rentrer) à la maison?
23) Est-ce qu'il . . . (réparer) la voiture qu'il . . . (casser).
24) On s' . . . (laver) ce matin. On . . . (se laver) tous les jours.
25) Est-ce qu'il . . . (se souvenir) de ce qu'il . . . (dire) quand tu l' . . . (rencontrer) la semain dernière.
26) Tu me . . . (dire) la même chose depuis ce matin.
27) J' . . . (être) professeur à Paris avant de . . . (venir) au États-Unis.
28) Ils . . . (être divorcé) depuis six mois. Depuis quand . . . (être divorcé) vous?

translate, then give the second and the third form of IF:

1) If I can, I'll go with you.
2) If you don't get undressed, I'll beat you.
3) If they love each other, why don't they get married?
4) If you make fun of me, I'll leave you.
5) If we don't have to do the work now, we'll go for a walk.
6) If he doesn't work, he won't pass his exam.
7) If they're rich next year, they'll buy a new house.
8) If we can help, we'll call you.
9) If you want to sell your car, I'll buy it.
10) If he's an ass his broad won't love him anymore.
11) If the cops can catch the gangster, they'll put him in jail.
12) If your sister takes the pill, she won't get pregnant.
13) If she wants to have an abortion, the doctor will do it.
14) If the workers go on strike, the unions will be happy.
15) If there's another war, we'll all be killed.
16) If you continue the bullshit, I'll leave you.
17) If we don't take a walk, I'm going to scream.
18) If you want to take a trip, I'll come with you.
19) If her lover can't screw any more, she'll be disappointed.
20) If the commercial is bad, that will be nothing new.
21) If politicians don't take bribes, that will be amazing.
22) If we have to pay our taxes early, we'll be in a jam.
23) If soldiers refuse to go to war, the world will at last be happy.
24) If we don't take the highway, the trip will take longer.
25) If his policy is so stupid, we won't vote for him.
26) If I have to lose weight, I'll try to.
27) If the guy's crazy, he'll become a soldier.
28) If I have to find contacts, I'll ask the politicians.

translate:

1) You've been cooking the same dish since this morning.
2) He was saying such a lot of bullshit that she walked out.
3) He was whispering while I was talking aloud.
4) My arm has been hurting me all day.
5) I'm going to get washed and dressed to go out.
6) She lived in New York for ten years when she was young and now she's been living in Paris for two years.
7) Do you realize how stupid they are!
8) I didn't remember his name.
9) The commercial was so bad yesterday that I turned off the TV.
10) They've been selling retail since Christmas.
11) We've been manufacturing computers for a long time.
12) I need to know if you can come.
13) I have to tell you something important.
14) You should have gone with me yesterday. You never listen when I tell you you should go with me.
15) I didn't have to do it for today. I have to do it for tomorrow.
16) They were putting the deal together when the cops came in.
17) You have to give bribes if you want the politicians to help you.
18) I couldn't go with you yesterday, but I could have gone the day before.
19) You should have called and told me you were in a jam.
20) He didn't know what to do, so I told him that he should see the boss.
21) If you were one of his friends you would be used to drinking.
22) What a sucker you are! You shouldn't have believed him.
23) I couldn't bear him, and I don't understand why she's wild about him.
24) You had to be an ass to believe everything the politician said.
25) He was going to retire when his kids got sick.
26) I don't have to help you as you didn't help me when I needed it.

translate:

1) They've been engaged since Christmas. Do you think they're going to get married soon?
2) I was laughing while you were making fun of me.
3) You should give her a gift for this birthday and you should have given her one last year.
4) I've been trying for two hours to get that damn guy on the phone.
5) I didn't expect it, but it doesn't surprise me anyway.
6) I don't see anyone and I don't hear anything.
7) I only have a little dough. Can you lend me some?
8) Our company has been supplying the factory with computers for years and years.
9) He didn't understand anything. He never understands anything.
10) I was getting divorced when I met him.
11) He's been cheating on his wife since their marriage.
12) You have to catch up if you don't want to fall behind too much.
13) The crooks were celebrating their burglary when the cops came in.
14) You shouldn't have taken those drugs.
15) I can't help you. I'm too tired.
16) He's been hitting his wife since their baby was born.
17) For how long have you been pregnant?
18) My leg has been hurting me since the accident.
19) Would you mind if I smoked while you're eating?
20) I had to leave a big tip. You should have left one too.
21) I couldn't stay honest in politics. Could you?
22) The underworld is so strong that we're all afraid.
23) For how long have you been married?
24) Did you know he was cheating her while we were on our trip?
25) You should have got used to his jokes a long time ago.
26) You don't have to take your own soap with you.
27) We were paying high taxes and we were going broke at the same time.
28) You should have told me earlier that you weren't going to come.

VOCABULAIRE

	traduction	synonyme-associé	contraire-associé
1. (une) promesse /(un) secret	/a promise/a secret	promettre = to promise	
2. /(un) tuyau /(un) indice	/a tip/a clue	faire allusion, laisser entendre = to hint	
3. c'est un soulagement	it's a relief		
4. réparer	to repair ≠ to break		casser
5. (une) récompense	reward	(un) prix = prize	
6. /(une) route /(une) autoroute	/road/highway		
7. Que voulez-vous dire?	What do you mean?	Qu'entendez-vous par là?	
8. chéri	darling	un amant = a lover	
9. fournir	to supply		
10. à voix basse	in a whisper		à voix haute = aloud
11. endommager	to damage	faire du mal = to harm	
12. (la) paix	peace ≠ war	(une) armée = army, soldier = soldat	(la) guerre
13. faire la cuisine	to cook	bouillir = to boil, rôtir = to roast	
14. ambiance	atmosphere	une bonne ambiance = a nice atmosphere	
15. /coudre/(une) aiguille	/to sew/needle	(un) fil = thread, (un) fer = iron, laver = to wash	
16. pratiquer	to practise	s'exercer, faire des exercices = to exercise	
17. (une) bande	a tape	(un) magnétophone = a tape recorder	
18. (une) bibliothèque	library		
19. (une, des) conneries	bullshit	t'es con = you're an ass	
20. (une) blanchisserie/(un) nettoyage à sec	/laundry /dry cleaning	the laundry = le linge	

VERBS AND PROPOSITIONS 1 The Case of the missing preposition.
WATCH OUT! This can be tricky. In some cases, there is a preposition in
English, but NOT IN FRENCH.

1. I'm listening to you.	**Je vous écoute.**
2. He's waiting for me.	**Il m'attend.**
3. I'm looking for one like this.	**J'en cherche un comme ça.**
4. Look at this.	**Regardez ceci.**
5. How much did you pay for it?	**Combien l'avez-vous payé?**
6. Call me back later.	**Rappelez-moi plus tard.**
7. I asked him for one.	**Je lui en ai demandé un.**
8. Call me up tonight.	**Appelez-moi/téléphonez-moi ce soir.**
9. Hurry up!	**Dépêchez-vous!**
10. according to him . . .	**selon lui . . .**
11. Can I try it on?	**Est-ce que je peux le passer?**
12. I live in Paris.	**J'habite Paris.**
13. Turn on/turn off the T.V.	**Mettez/fermez la télé.**
14. in spite of the weather . . .	**malgré le temps . . .**
15. He came back later.	**Il est rentré/revenu tard.**
16. Put on/take off your coat.	**Mettez/enlevez votre manteau.**
17. Is six okay for you?	**Est-ce que six heures vous va?**
18. I give up.	**J'abandonne.**
19. He wants to see you.	**Il veut vous voir.**
20. What about a coffee?	**Et si on prenait un café?**
21. He's getting/waking up.	**Il se lève/se réveille.**
22. I'm sitting down ≠ standing up.	**Je m'assois ≠ je me mets debout.**
23. Go on! Keep on!	**Continuez!/Allez-y!**
24. He's in ≠ He's out.	**Il est là ≠ Il n'est pas là.**
25. I'd like to go.	**J'aimerais y aller.**
26. I'm mixed up.	**Je confonds tout.**
27. I'm supposed to go.	**Je suis censée y aller.**

VERBS AND PREPOSITIONS 2

a) fill in the blanks in the second column as far as you can;
b) fold the page back to check your answer;
c) read the translation of the sentence for further clarification.

1. to come in	**Il est entré . . . la pièce.**
2. *a*. to speak to/to talk to	**– Je voudrais parler . . . Monsieur Smith.**
b. to speak about	**– On parlait . . . vous.**
3. to depend on	**Cela dépend . . . vous.**
4. to agree with	**Je suis d'accord . . . vous.**
5. to be interested in ≠	**Je suis – intéressée . . . mon travail.**
to be bored by	**– ennuyé . . .**
6. to take care of	**Je m'occuperai . . . vos problèmes (ou: je m'en occuperai).**
7. to be fond of	**Je raffole . . . la glace (ou: j'en raffole).**
8. to live in	**Elle habite . . . New York.**
9. to be married to	**Elle est mariée . . . un américain.**
10. to be surprised at	**Je suis – surprise . . . cela.**
	– étonnée . . .
11. to go to	**Il est allé . . . New York.**
	. . . bureau.
	. . . lui.
	. . . le coiffeur.
12. to belong to	**. . . qui ce chien appartient-il? (mais: it belongs to me = cela m'appartient).**
13. to be afraid of	**J'ai peur . . . lui.**
14. to be mad at	**Je suis fâché . . . lui/en colère . . . lui.**
15. to be sick of	**J'en ai – ras-le-bol . . . le voir triste tout le temps.**
	– assez . . . faire ça.
16. to be worried about	**Je m'inquiète . . . ce qu'il va dire.**
17. to be ashamed of ≠	**– Il a honte . . . sa femme.**
to be proud of	**– Il est fier . . .**
18. to feel like	**J'ai envie . . . café?/ . . . quoi as-tu envie?**
19. to look like/to take after	**– Il tient . . . son père.**
	– Il ressemble . . .
20. *a*. to get used to	**– Je ne m'habituerai jamais . . . sa façon de parler.**
b. to be used to	**– Est-ce que vous êtes habitué . . . ses manières?**

173

VERBS AND PREPOSITIONS 2

1. entrer dans	He came in the room.
2. *a.* **parler à**	— I would like to speak to Mr. Smith.
b. **parler de**	— We were speaking about you.
3. dépendre de	It depends on you.
4. être d'accord avec	I agree with you.
5. être intéressé par ≠	I'm interested in my work.
ennuyé par	≠ bored by . . . .
6. s'occuper de	I'll take care of your problems.
7. raffoler de	I'm fond of ice-cream.
8. habiter à	She lives in New York.
9. être marié à	She's married to an American.
10. /être surpris/étonné	I'm surprised at that.
de	
11. /aller à la, au/chez	He went to New York.
	to the office.
	home.
	to the hairdressers.
12. appartenir à	Who does this dog belong to?
13. avoir peur de	I'm afraid of him.
14. être fâché contre	I'm mad at him.
/en colère contre	
15. /en avoir ras-le-bol	— I'm sick of seeing him sad all the time.
de/assez de	of doing that.
16. s'inquiéter de	I'm worried about what he's going to say.
17. avoir honte de ≠	— He's ashamed of his wife.
être fier de	≠ proud of . . . .
18. avoir envie de	I feel like coffee. What do you feel like?
19. tenir de/ressembler	He — takes after his father.
	— looks like . . . .
20. *a.* **s'habituer à**	— I'll never get used to his way of speaking.
b. **être habitué à**	— Are you used to his manners?

174

VERBS AND PREPOSITIONS 3

1. *a*. to think about/over
   a. — **Pensez ... ce qu'il a dit (ou: pensez-y).**
   — **Réfléchissez ... ce qu'il a dit (ou: réfléchissez-y).**

   b. to think about s.o.
   b. **Je pense ... toi.**

   c. to think about (opinion)
   c. **Qu'est-ce que vous pensez ... ce qu'il a dit?**

   d. to think about (in general)
   d. **... quoi pensez-vous?**

2. to explain to — **Je vais l'expliquer ... mon copain (ou: je vais lui expliquer).**

3. to get in ≠ to get out — **Entrez ... la voiture/Sortez ... la voiture.**

4. to get on ≠ to get off — **Montez ... le bus/Descendez ... bus.**

5. to stop — **Il a arrêté ... fumer.**

6. to laugh at — **Ne riez pas ... moi.**

7. to have a part in the business — **Est-ce que vous êtes intéressé ... l'affaire?**

8. to need — **J'ai besoin ... beaucoup d'armour (ou: j'en ai besoin).**

9. on behalf of — **Je vous téléphone ... la part ... Tom.**

10. near ≠ far from — **Il habite près ... moi ≠ loin ... moi.**

11. to write to — **J'ai écrit une lettre ... mon père (ou: je lui ai écrit).**

12. to be about — **... quoi s'agit-il?**

13. to be in the midst of — **Je suis en train ... manger.**

14. *a*. to be close to (feelings)
    a. **Je suis proche ... ma sœur/Je tiens ... elle.**

    b. be close to (near)
    b. **Je suis près ... vous.**

15. to apologize — **Je m'excuse ... vous avoir dérangé.**

16. to look like — **J'ai eu l'air ... un idiot.**

17. to realize — **Je ne me suis pas rendu compte ... problème.**

18. as for (me) — **Quant ... moi, je n'irai pas.**

19. to succeed in — **J'ai réussi ... le faire.**

20. to be worth it — **Est-ce que cela vaut la peine ... le voir?**

21. to have just — **Il vient ... partir.**

22. to be good at — **Il est bon ... /fort ... math.**

23. to regret — **J'ai regretté ... ne pas l'avoir vu.**

VERBS AND PREPOSITIONS 3

1. *a.* penser à/réfléchir à	*a.* Think over what he said.
b. penser à	*b.* I'm thinking about you.
c. penser de	*c.* What do you think about what he said?
d. penser à	*d.* What are you thinking about?
2. expliquer à	I'm going to explain it to my pal.
3. entrer dans ≠ sortir de	Get in the car ≠ Get out of the car.
4. monter dans ≠ descendre de	Get on the bus ≠ Get off the bus.
5. arrêter de	He stopped smoking.
6. rire de/se moquer de	Don't laugh at me.
7. être intéressé dans	Have you a part in the business?
8. avoir besoin de	I need a lot of love.
9. de la part de	I'm calling you on behalf of Tom.
10. près de ≠ loin de	He lives near me ≠ far from me.
11. écrire à	I wrote to my father.
12. s'agir de	What is it about?
13. être en train de	I'm in the midst of eating.
14. /être proche de, tenir à/être près de	− I'm close to my sister. − I'm close (near) to you.
15. s'excuser de	I apologize for having disturbed you.
16. avoir l'air de	I looked like a fool.
17. se rendre compte de	I didn't realize the problem.
18. quant à	As for me, I won't go.
19. réussir à	I succeeded in doing it.
20. valoir la peine de	Is it worth seeing it?
21. venir de	He just left.
22. être bon/fort en	He's good at maths.
23. regretter de	I regret not having seen him.

VERBS AND PREPOSITIONS 4

1. to manage to — Je suis arrivé . . . le faire.
   — Je me suis débrouillé . . . .

2. to come back from — Il va rentrer . . . New York.
   revenir . . . .

3. to have to/must — J'ai . . . le faire.
   — Je suis obligé . . .

4. most ≠ a few — La plupart . . . gens sont venus.
   — Peu . . .

5. a lot of Beaucoup . . . gens sont venus.

6. to ask someone for Il m'a demandé . . . le faire.
   something (note: to
   ask for something =
   demander quelque
   chose — without
   preposition)

7. enough Est-ce qu'il y a assez . . . viande pour tout le
   monde?

8. to plan to J'ai l'intention . . . y aller cette semaine.

9. you'd better Vous feriez mieux . . . partir maintenant.

10. you're right ≠ Vous avez — raison . . . partir tout de suite.
    you're wrong — tort . . .

11. I'd be happy to Cela me ferait plaisir . . . vous revoir.

12. it's . . . Il est — important . . . le faire.
    — nécessaire . . .
    — facile . . .
    — normal . . .

VERBS AND PREPOSITIONS 4

1. arriver à/se débrouiller pour	I managed to do it.
2. rentrer de/revenir de	He's going to come back from New York.
3. avoir à/être obligé de	I have to do it.
4. la plupart de ≠ peu de	— Most people came. — Few people came.
5. beaucoup de	A lot of people came.
6. demander quelque chose à quelqu'un	He asked me to do it.
7. assez de	Is there enough meat for everybody?
8. avoir l'intention de	I plan to go this week.
9. vous feriez mieux de/tu ferais mieux de	You'd better go now.
10. vous avez raison de ≠ vous avez tort de	You're — right to go at once. ≠ wrong to
11. cela me ferait plaisir de	I'd be happy to see you again.
12. il est important de /nécessaire de /facile de /normal de	It's — important to do it. — necessary to — easy to — normal to

IDIOMS 1

1. to go for a walk

On va — se ... ?
— faire un ... ?

2. all the same

Merci tout de ...

3. /I don't care/It's all
the same to me.

— Cela ....
— Cela revient ....

4. /I'd like you to meet
/ ... Pleased to meet you.

— Paul, j'aimerais vous ... Jacques.
— ...!

5. It doesn't matter.

Cela ne .... /n'a pas ....

6. /That's the limit!
/That takes the cake!

— C'est le c ...!/le b ...!
— C'est la m ...!

7. /to be on the line
/to hang on

Monsieur Dupont est ...... /au bout ....
.... Ne ......!

8. /How are you?/Fine,
thank you and you?

— Comment ......?/Comment ......?
— Bien merci ......?

9. to make a mistake

J'ai fait ....
Je me suis ..../....

10. Straight or on the rocks?

Sec ou ....?

11. Do you have a light?

Avez vous ......?

12. to have a drink

Voulez-vous prendre ...... ce soir?

13. Too bad! ≠ All the
better!

Tant ...!/tant ...!

14. on the other hand

Il n'est pas brillant, mais ...... il est très
charmant.

15. to have a dream

J'ai .... hier soir.

16. /to be sick of/fed up

J'en ai — ras ......!
— ...!

17. It isn't worth it

Cela ne vaut pas ....

18. /How goes it?/It's no
good!

— Ça ... ?/Ça ne ....

19. I feel that

Je ... que tu as tort.

20. I'm starving ≠ I'm full

Je meurs ...... ≠ Je ....

21. some more ...

... du pain, s'il vous plaît.

22. to change one's mind

J'ai changé ....

179

IDIOMS 1

1. /aller se promener
   /faire un tour

   Do you want to go for a walk?

2. tout de même

   Thank you all the same.

3. /cela m'est égal/cela
   revient au même

   — I don't care.
   — It's all the same to me.

4. /J'aimerais vous
   présenter . . . / Enchanté.

   — Paul, I'd like you to meet Jacques.
   — Pleased to meet you!

5. /Cela ne fait rien/Cela
   n'a pas d'importance.

   It doesn't matter.

6. /C'est le comble!/le
   bouquet!/la meilleure!

   That's the limit!

7. /être en ligne/au bout
   du fil/ne raccrochez pas

   — Mister Dupont is on the line.
   — Hang on!

8. /Comment ça va?
   /Comment allez-vous?
   /Bien merci, et vous?

   — How are you?
   — Fine, thank you, and you?

9. /faire une faute/se
   tromper/se gourrer

   I made a mistake.

10. Sec ou avec de la glace?

    Straight or on the rocks?

11. Avez-vous du feu?

    Do you have a light?

12. prendre un pot

    Do you want to come and have a drink tonight

13. Tant pis! ≠ Tant mieux!

    Too bad! ≠ All the better!

14. par contre

    He isn't bright, but on the other hand he's very charming.

15. faire un rêve

    I had a dream yesterday night.

16. /en avoir ras-le-bol
    /en avoir marre

    I'm sick of it.

17. Cela ne vaut pas la peine.

    It isn't worth it.

18. /Ça va?/Ça ne va pas.

    — How goes it?/— No good!

19. je trouve que

    I feel that you're wrong.

20. Je meurs de faim ≠ Je cale.

    I'm starving ≠ I'm full

21. plus de

    Some more bread, please!

22. changer d'avis

    I changed my mind.

IDIOMS 2

1. to make a fortune	Il a fait . . . en Amérique.
2. to do someone a favour	Pourriez-vous me rendre . . . . . . s'il vous plaît?
3. to stand in line	Il faut faire . . . . . . pour aller au cinéma.
4. /to earn a living /to make (good) money	Est-ce qu'il gagne — bien . . . . . . ? — de . . . . . . ?
5. to make an appointment	Je voudrais prendre . . . . . . pour lundi.
6. to get on someone's nerves	Elle me tape sur . . . .
7. to be late ≠ early	Elle est souvent . . . . . . ≠ . . . .
8. What's it like out?	Quel . . . fait-il?
9. to do for a living	Que fait-il dans . . . . . . ?
10. to make an effort	Il faut faire . . . .
11. to go shopping	Allons faire . . . .
12. to feel under the weather ≠ to feel great	Je ne suis pas en . . . ≠ Je suis en pleine . . . .
13. to do the dishes	C'est votre tour de faire . . . .
14. We'll take turns.	Chacun . . . . . . !
15. You gotta be kidding!	Tu . . . !/Tu . . . !
16. What a pain in the neck!	Quel casse- . . . !
17. to mean	Qu'est-ce que vous . . . . . . ?
18. to tell the truth	A . . . . . . , je ne l'aime pas.
19. that goes without saying	Cela va . . . .
20. that's all the more reason	Raison . . . . . . pour la quitter!
21. help yourself (to some more)	Servez- . . . !/R . . . . . . !
22. It's not my cup of tea.	Cela ne me dit . . . .

IDIOMS 2

1. faire fortune	He made a fortune in America.
2. rendre service à quelqu'un	Could you do me a favour, please?
3. faire la queue	You must stand in line to go the movies.
4. /gagner sa vie/gagner de l'argent	– Does he earn a good living? – Does he make (good) money?
5. prendre un rendez-vous	I want to make an appointment for Monday.
6. taper sur les nerfs	She gets on my nerves
7. être en retard ≠ être en avance	He's often late ≠ early.
8. Quel temps fait-il?	What's it like out?
9. faire . . . dans la vie	What does he do for a living?
10. faire un effort	You must make an effort.
11. faire les courses	Let's go shopping.
12. ne pas être en forme ≠ être en pleine forme	I feel under the weather ≠ I feel great.
13. faire la vaisselle	It's your turn to do the dishes.
14. Chacun son tour.	We'll take turns!
15. Tu plaisantes!/Tu rigoles!	You gotta be kidding!
16. Quel casse-pieds!	What a pain in the neck!
17. vouloir dire	What do you mean?
18. à vrai dire	To tell you truth, I don't like her.
19. Cela va sans dire.	That goes without saying.
20. raison de plus	That's all the more reason to drop her.
21. /servez-vous/ /reprenez-en	Help yourself!/Help yourself to some more.
22. Cela ne me dit rien.	It's not my cup of tea.

1. to make a fuss	**Arrête de faire des . . . !**
2. to be successful	**La pièce a eu . . . . . .**
3. to take a nap	**Je suis fatiguée et je vais faire . . . .**
4. on the face of it	**A première . . . , je dirais que vous avez raison.**
5. to hurt	**Est-ce que cela vous fait . . . ?**
6. I don't give a damn.	**Je m'en . . . /Je m'en . . . .**
7. time's up	**C'est . . . . . . !**
8. to fall behind ≠ to catch up	**J'ai pris du . . . ≠ Il faut que je . . . .**
9. what's up?	**Qu'est-ce qui . . . . . . ?**
10. to be in a good ≠ bad mood	**Elle est -- de bonne . . . .** **-- de mauvaise . . . .**
11. /I don't want to put you out/You're not putting me out.	**-- Je ne veux pas . . . .** **-- Vous ne me . . . pas.**
12. I can't get over it.	**Je n'en . . . .**
13. I didn't realize.	**Je ne me suis pas . . . .**
14. to worry	**Elle se fait du . . . pour son fils.**
15. We were cut off (phone).	**On nous a . . . .**
16. /Have a good time! /We had a good time.	**-- . . . -vous bien!** **-- On s'est bien . . . !**
17. to be lucky	**J'ai beaucoup . . . .**
18. /Do you mind if . . .? /I don't mind.	**-- Est-ce que cela vous . . . si je fume?** **-- Non, ça ne me . . . pas.**
19. to look tired ≠ to look good, well	**-- Vous avez . . . . . . fatigué.ç** **-- Vous avez bonne . . . .**
20. /Did you enjoy it? /I enjoyed it.	**-- Est-ce que cela vous a . . . ?** **-- Oui, cela m'a . . . .**
21. kiss me	**E . . . moi!**
22. /Fuck you!/Screw off!	**Va te faire . . . !/Fous moi . . . . . . !**

IDIOMS 3

1. faire des histoires	Stop making such a fuss!
2. avoir du succès	The play was successful.
3. faire un somme	I'm tired and I'm going to take a nap.
4. à première vue	On the face of it, I'd say you're right.
5. faire mal	Does it hurt?
6. Je m'en fous/fiche.	I don't give a damn!
7. C'est l'heure.	Time's up!
8. prendre du retard ≠ rattraper	I've fallen behind. I must catch up.
9. Qu'est-ce qui se passe?	What's up?
10. être de bonne ≠ mauvais humeur	She's in a bad mood.
11. /Je ne veux pas vous déranger/vous ne me dérangez pas.	– I don't want to put you out. – You're not putting me out.
12. ne pas en revenir	I can't get over it.
13. se rendre compte	I didn't realize.
14. se faire du souci	She worries about her son.
15. on a été coupé	We were cut off.
16. /Amusez-vous bien! /On s'est bien amusé!	– Have a good time! – We had a good time!
17. avoir de la chance	I'm very lucky.
18. /Est-ce que cela vous dérange si . . . ?/Ça ne me dérange pas.	– Do you mind if I smoke? – No, I don't mind.
19. avoir l'air (fatigué) ≠ avoir bonne mine	– You look tired. – You look good/well.
20. /Est-ce que cela vous a plu?/Ça m'a plu.	– Did you enjoy it? – Yes, I enjoyed it.
21. embrasser	Kiss me!
22. Va te faire foutre! /Fous moi la paix!	Fuck you!/Screw off!

CONGRATULATIONS !!

You are no longer a beginner. You can now go on to *Gimmick I—Français parle* (the first uncensored, realistic vocabulary learning book).

Key/Corrigé

Leçon 1, page 1
1) Est-ce que c'est une grande table? 2) Ce n'est pas une porte noire. 3) A bientôt! 4) Est-ce que c'est un petit chien? 5) Zut! 6) Ce n'est pas un gros livre noir, mais un gros livre bleu. 7) Qu'est-ce que c'est? — C'est une montre. 8) Est-ce que c'est un téléphone rouge? 9) Ce n'est pas une petite chaise. 10) Est-ce que c'est un réveil blanc?

Leçon 1, page 2
1) Oui, c'est un petit chat. — Non, ce n'est pas un petit chat. 2) Oui, c'est un chien blanc. — Non, ce n'est pas un chien blanc. 3) Oui, c'est un téléphone bleu. — Non, ce n'est pas un téléphone bleu. 4) Oui, c'est un mur blanc. — Non, ce n'est pas un mur blanc. 5) Oui, c'est un gros bouquin. — Non, ce n'est pas un gros bouquin. 6) Oui, c'est un stylo. — Non, ce n'est pas un stylo. 7) Oui, c'est une horloge bleue marine. — Non, ce n'est pas une horloge bleue marine. 8) Oui, c'est un crayon noir. — Non, ce n'est pas un crayon noir. 9) Oui, c'est une chaise. — Non, ce n'est pas une chaise. 10) Oui, c'est une grande librairie. — Non, ce n'est pas une grande librairie. 11) Oui, c'est une souris blanche. — Non, ce n'est pas une souris blanche. 12) Oui, c'est une porte. — Non, ce n'est pas une porte. 13) Oui, c'est une montre. — Non, ce n'est pas une montre. 14) Oui, c'est un réveil rose. — Non, ce n'est pas un réveil rose.

Leçon 2, page 4
1) Comment allez-vous? Bien, merci et vous? 2) Est-ce que ce sont des cigarettes fortes? 3) Est-ce que ce sont des manteaux marrons? 4) Je suis désolé. Je m'excuse. 5) Est-ce que ce sont des rues larges? 6) C'est l'heure. 7) Les nanas sont jeunes et minces. 8) C'est ça. 9) Les types sont riches, mais les gosses sont pauvres.

Leçon 2, page 6
— des types faibles — des petites nanas — des gosses forts — des femmes riches — des chaussettes marrons — de manteaux longs/des longs manteaux — de gros mecs — de beaux cendriers — de jeunes garçons — des briquets courts — de vieux réveils — de bons bouquins — de mauvais après-midis — de/des petites filles — des rues étroites — des papiers épais — de petites pièces — des livres rouges — de grandes clefs — des boîtes bleues — des mômes doux — des allumettes minces — des manteaux légers — des types pauvres — de dernières leçons — des premiers enfants — des tables lourdes — de vieux chiens.

Leçon 2, page 6
1) Oui, les nanas sont intéressantes. — Non, les nanas ne sont pas intéressantes.
— Est-ce que la nana est intéressante? 2) Oui, les bouquins sont sur la table.
— Non, les bouquins ne sont pas sur la table. — Est-ce que le bouquin est
sur la table? 3) Oui, les rues sont larges. — Non, les rues ne sont pas larges. —
Est-ce que la rue est large? — etc.

Leçon 2, page 8
1) Non, la femme n'est pas grande. — Non, les femmes ne sont pas grandes.
2) Non, l'homme n'est pas faible. — Non, les hommes ne sont pas faibles.
3) Non, le bouquin n'est pas épais. — Non, les bouquins ne sont pas épais.
4) Non, la pièce n'est pas petite. — Non, les pièces ne sont pas petites.
5) Non, la leçon n'est pas intéressante. — Non, les leçons ne sont pas
interéssantes. — etc.

Leçon 2, page 9
1) Are they blue watches? -- Non, ce ne sont pas de montres bleues. — Non,
ce n'est pas une montre bleue. 2) Are they big men? — Non, ce ne sont pas
des gros hommes. — Non ce n'est pas un gros homme. 3) Are they soft
women? — Non ce ne sont pas des femmes douces. — Non, ce n'est pas une
femme douce. 4) Are they yellow boxes? — Non, ce ne sont pas des boîtes
jaunes. — Non, ce n'est pas une boîte jaune. 5) Are they big shoes? 6) Are
they short streets? 7) Are they beautiful kids? 8) Are they long raincoats?
9) Are they brown hats? 10) Are they big rooms? 11) Are they black cats?
12) Are they yellow socks? 13) Are they strong fellows? 14) Are they thick
books? 15) Are they bookshops? 16) Are they short lessons? 17) Are
they rich guys? 18) Are they big dogs? 19) Are they navy blue shoes? 20)
Are they bad cigarettes? 21) Are they green hats? 22) Are they nightclubs?
23) Are they big keys? 24) Are they heavy ashtrays? 25) Are they little
mice? 26) Are they white walls?

Leçon 2, page 10
1) Est-ce que c'est une jeune femme? — Est-ce que ce sont de jeunes femmes?
2) Est-ce que c'est une petite pièce? — Est-ce que ce sont de petites pièces?
3) Est-ce que c'est une grande boîte? — Est-ce que ce sont de grandes boîtes?
4) Est-ce que c'est une souris noire? — Est-ce que ce sont des souris noires?
5) Est-ce que c'est une femme intéressante? — Est-ce que ce sont des femmes
intéressantes? 6) Est-ce que c'est un enfant doux? — Est-ce que ce sont des
enfants doux? 7) Est-ce que c'est une longue allumette? — Est-ce que ce
sont des allumettes longues. 8) Est-ce que c'est un beau briquet? — Est-ce
que ce sont de beaux briquets? 9) Est-ce que c'est une rue étroite? — Est-ce
que ce sont des rues étroites? 10) Est-ce que c'est un manteau léger? — Est-
ce que ce sont des manteaux légers? 11) Est-ce que c'est une jeune nana? —
Est-ce que ce sont de jeunes nanas? 12) Est-ce que c'est un mec fort? — Est-

ce que ce sont des mecs forts? 13) Est-ce que c'est un chien blanc? – Est-ce que ce sont des chiens blancs? 14) Est-ce que c'est un réveil vert? – Est-ce que ce sont des réveils verts? 15) Est-ce que c'est un homme riche? – Est-ce que ce sont des hommes riches? 16) Est-ce que c'est un grand mur? – Est-ce que ce sont de grands murs? 17) Est-ce que c'est un vieux bouquin? – Est-ce que ce sont de vieux bouquins? 18) Est-ce que c'est la première leçon? – Est-ce que ce sont les premières leçons? 19) Est-ce que c'est un long après-midi? – Est-ce que ce sont de longs après-midis? 20) Est-ce que c'est un gros chat? – Est-ce que ce sont de gros chats? 21) Est-ce que c'est une table rouge? – Est-ce que ce sont des tables rouges. 2) Est-ce que c'est un livre épais? – Est-ce que ce sont des livres épais? 23) Est-ce que c'est un cendrier jaune? – Est-ce que ce sont des cendriers jaunes? 24) Est-ce que c'est un petit môme? – Est-ce que ce sont des petits mômes? 25) Est-ce que c'est un imperméable vert? – Est-ce que ce sont des imperméables verts? 26) Est-ce que c'est un gars faible? – Est-ce que ce sont des gars faibles?

Leçon 2, page 11
1) Pouvez-vous répéter s'il vous plaît? 2) Le jeune enfant est sous la table. 3) Ce n'est pas ça. 4) Le cendrier n'est pas sur la chaise. 5) Les rues ne sont pas larges. 6) Je suis désolé. 7) La nana est grande et grosse. 8) Les types sont pauvres mais intéressants. 9) C'est l'heure! 10) Zut! 11) La boîte de nuit est vieille. 12) Les compagnies sont riches. 13) Les livres ne sont pas épais. 14) La première leçon est intéressante. 15) La fille est mince, moi aussi. 16) L'homme n'est pas gros, moi non plus. 17) Le briquet est vieux, mais bon. 18) Les enfants sont forts. 19) C'est bon. Ça y est. 20) Le chapeau est petit. 21) La première pièce est petite. 22) Les chaussures sont grandes. 23) Le mur est rouge et bleu. 24) Le manteau est noir, mais le chapeau est bleu marine. 25) Un livre est sur la table. 26) Est-ce qu'une fille riche est intéressante? 27) Un téléphone rouge est sur la chaise. 28) Les chaussettes jaunes sont sous la table.

Leçon 3, page 16
1) Est-ce que c'est votre foulard? – Non, c'est le sien. 2) Est-ce que ce sont ses bottes? – Non, ce sont les siennes. 3) Qu'est-ce qui se passe? 4) A qui est le sac? 5) Ce ne sont pas mes cols roulés, ce sont les siens. 6) Merci. – De rien. 7) Est-ce que ton pantalon est trop court? 8) Pigé? 9) Ce ne sont pas vos cravates, ce sont les siennes. 10) Cela ne fait rien. 1) Quoi de neuf? – Rien de spécial.

Leçon 3, page 16
1) Ses gants sont jolis mais petits. – Ses gants ne sont pas jolis et petits. 2) Son livre est sur la table. – Son livre n'est pas sur la table. 3) Mon devoir est facile. Mon devoir n'est pas facile. 4) Tes nouvelles bottes sont merdiques. 5) Son dernier type est fou. 6) Ses vêtements sont vieux. 7) Nos

pullovers vifs sont doux. 8) Sa nana est ennuyeuse. 9) Son beau costume neuf est noir. 10) Nos nouvelles chemises vives sont dingues. 1) Sa jupe bleue est vieille. 12) Mon pantalon est sec. 13) Notre tableau est large. 14) Leurs col roulés sont beaux. 15) Son gilet est vif. 16) Vos sacs à main sont vieux. 17) Leurs nanas sont gentilles.

Leçon 3, page 17
1) les vôtres 2) la mienne 3) les leurs 4) le sien 5) le sien 6) le mien 7) les vôtres 8) les siens 9) le nôtre 10) la sienne 11) la nôtre 12) les miens 13) les siens 14) les leurs 15) les nôtres 16) les leurs 17) le sien 18) le mien 19) le sien 20) la leur 21) la sienne 22) les vôtres 23) la leur 24) les leurs 25) la mienne 26) les nôtres 27) la vôtre 28) le vôtre.

Leçon 3, page 18
— de belles bottes — une cravate neuve — de gentilles femmes — mon mec favori — de vieilles jupes — sa robe neuve — une chemise blanche — une nouvelle leçon — une nana heureuse — un gosse malheureux — une couleur vive — des chaussures neuves — des bébés secs — une longue leçon — la musique douce — une grosse femme — des beaux chats — la première leçon — une nana ennuyeuse — un homme faux — une fille folle — Une môme sotte — une horloge ancienne — une femme conne.

Leçon 4, page 21
1) Les yeux de Pierre sont verts. 2) Comment l'épelez-vous? 3) La bouche de la fille est large. 4) Les dents de la femme sont blanches. 5) Attends une minute! 6) Le visage de Jane est beau. 7) Les jambes des nanas sont minces. 8) Les mains de l'homme sont derrière moi. 9) La voiture du type est dingue. 10) Les nanas des hommes sont belles.

Leçon 4, page 21
— du type — de la nana — de la semaine — des mecs — des enfants — de la femme — de l'homme — de l'année — du garçon — de la fille — de l'enfant — des filles — des mômes — de Jane — de la main — du pied — des siècles — de la pièce — de la rue — du chien — des enfants — du garçon — de la boîte — des gosses — de l'homme — de l'après-midi.

Leçon 4, page 22
— quel homme? — quel bouquin? — quel nez? — quel siécle? — quelles femmes? — quel/quelle gosse? - quelles nanas? — quels mecs? — quels yeux? — quel chat? — quelles fenêtres? — quels types? — quelles années? — quel/quels mois? — quel parapluie? — quel chien? — quel mardi? — quelles mains? — quelles chaises? — quelle montre? — quelles voitures? — quelles bottes? — quel sac? — quelles jupes? — quels manteaux? — quel costume? — quelles oreilles? — quelle jambe? — quels ongles? — quelle semaine? — quelles

cigarettes? — quel briquet? — quelles vestes? — quels pieds? — quelle leçon?
— quelle musique?

Leçon 4, page 24
1) Ce sac est sur la table. — Est-ce que ce sac est sur la table? 2) Cette pièce
est devant la mienne. — Est-ce que cette pièce est devant la mienne? 3) Ce
costume est petit pour ce type. 4) Cette robe est sexy. 5) Cette montre-ci
est la mienne et celle-là est la vôtre. 6) Ce manteau est le mien et celui-là est
le vôtre. 7) Ce bouquin-là est loin de Jane, mais celui-ci est près. 8) Cette
voiture est devant ma fenêtre. 9) Cette chatte est derrière la porte, mais celle-
ci est devant la porte. 10) Cette femme est là-bas. 11) Ce mec-ci est riche
et celui-là est pauvre. 12) Cette première leçon est ennuyeuse et la dernière
leçon courte. 13) Ce visage est beau. 14) Cette botte-ci est nouvelle et
l'autre est vieille.

Leçon 4, page 24
1) Ces types(-là) sont faibles. 2) Ces gants-là sont neufs, mais ceux-ci sont
vieux. 3) Cet homme est riche. L'autre est pauvre, mais bon. 4) Cette chaise
n'est pas dans la pièce. 5) Ce sac est derrière la table. 6) Ce livre est le vôtre,
mais celui-là est le mien. 7) Ces voitures-ci sont près de la maison mais
celles-là sont loin. 8) Cette nana est folle mais intéressante. 9) Est-ce que ce
type est ennuyeux? Celui-ci ne l'est pas. 10) Est-ce que ces femmes sont
riches? — Celles-ci ne le sont pas. 11) Cette voiture-la est grande mais celle-ci
ne l'est pas. 12) Quelles leçons sont intéressantes? — Celles-là. 13) Quel
gosse est le vôtre? — Celui-ci. 14) Quels animaux sont les leurs? — Ceux-là.

Leçon 5, page 27
— lesquelles? — lequel? — lesquels? — lesquels? — laquelle? — laquelle? —
lesquels? — lequel? — lesquels? — lesquelles? — lequel? — laquelle? — lequel?
— lesquelles? — lequel? — laquelle? — lesquels(lesquelles)? — lequel? —
lequel? — laquelle? — lesquels? — lesquelles? — lequel? — lesquels?

Leçon 5, page 28
1) Est-ce qu'il y a trente heures dans un jour? 2) Il est trois heures et demi.
3) Est-ce que ces routes sont dangereuses? — Lesquelles le sont? 4) Il est
midi moins le quart? 5) Est-ce qu'il y a des taxis dans les rues cet après-
midi? 6) Ça n'a pas d'importance. 7) Quel plafond est haut? — Celui-ci.
8) Le professeur a tort. 9) Est-ce qu'il y a des hommes fous dans le pièce?
10) Ça ne marche pas. 11) Est-ce qu'il y a des bouteilles vides sur la table?
12) Est-ce qu'il y a des vélos dans la métro? 13) Il y a trois réponses fausses.
Lesquelles? 14) Il est quatre heures et quart. 15) Bien sûr que non! 16)
Quelle heure est-il? — Il est dix heures. 17) Deux types ont tort. Lesquels?
18) Est-ce que le bonbon est sucré ou amer? 19) Est-ce que vous avez chaud
ou froid? 20) Cette pièce est sale mais celle-là est propre. 21) Est-ce que les

leçons d'aujourd'hui sont faciles ou difficiles? 22) Est-ce que sa nana est mignonne ou laide? — Quelle nana? 23) Est-ce qu'il y a des avions sûrs en hiver? 24) Quel genre de gosses sont-ils? 25) Est-ce qu'il y a des professeurs ennuyeux dans la pièce? 26) Il y a trois jolies voitures devant ma fenêtre. — Lesquelles? 27) Il y a une bouteille pleine sous la table. 28) Il y a une leçon ennuyeuse dans le livre. Laquelle?

Leçon 6, page 32
1) Je ne suis pas sale, et vous? 2) Son mari est médecin. 3) Qu'est-ce que celà veut dire? 4) L'homme d'affaires est riche et gros. 5) Vous trouvez? 6) Il n'est pas français, mais vous l'êtes. 7) Nous ne sommes pas heureux. 8) Soit l'un, soit l'autre.

Leçon 6, page 32
1) Ce n'est pas un sale flic. — Est-ce que ce n'est pas un sale flic? 2) John n'est pas un patron assez gentil. — Est-ce que John n'est pas un patron assez gentil? 3) Vous n'êtes pas des étudiants très intéressants. — Est-ce que vous n'êtes pas des étudiants très intéressants? 4) Les hommes d'affaires ne sont pas trop riches. — Est-ce que les hommes d'affaires ne sont pas trop riches? — etc.

Leçon 6, page 32
1) Le patron est gentil et moi aussi. — Le patron n'est pas gentil et moi non plus. 2) L'étudiant est ennuyeux et vous aussi. — L'étudiant n'est pas ennuyeux et vous non plus. 3) L'homme d'affaires est riche et vous aussi. — L'homme d'affaires n'est pas riche et vous non plus. 4) La secrétaire est intelligente et son type aussi. La secrétaire n'est pas intelligente et son type non plus. 5) Le flic est amer et sa nana aussi. Le flic n'est pas amer et sa nana non plus. 6) Je suis gentille et toi aussi. — Je ne suis pas gentille et toi non plus. 7) Le bureau est loin et le métro aussi. Le bureau n'est pas loin et le métro non plus. 8) Le chef est lent et mon patron aussi. Le chef n'est pas lent et mon patron non plus. 9) L'hôpital est près de chez moi et le cinéma aussi. L'hôpital n'est pas près de chez moi et le cinéma non plus. 10) Ce sont des femmes d'affaires et nous aussi. — Ce ne sont pas des femmes d'affaires et nous non plus. 11) Vous êtes étudiants et nous aussi. — Vous n'êtes pas étudiants et nous non plus. 12) Tu es merdique et eux aussi. — Tu n'es pas merdique et eux non plus. 13) Vos problèmes sont faciles et les miens aussi. — Vos problèmes ne sont pas faciles et les miens non plus. 14) Sa bouteille est vide et la mienne aussi. — Sa bouteille n'est pas vide et la mienne non plus. 15) Ton chat est mignon et le nôtre aussi. Ton chat n'est pas mignon et le nôtre non plus. 16) Cette pièce est sale et celle-là aussi. — Cette pièce n'est pas sale et celle-là non plus. 17) Son vélo est rapide et le mien aussi. — Son vélo n'est pas rapide et le mien non plus. 18) L'hiver est froid et l'automne aussi. — L'hiver n'est pas froid et l'automne non plus. 19) Le

bonbon est sucré et toi aussi. — Le bonbon n'est pas sucré et toi non plus.
20) Le professeur est ennuyeux et vous aussi. — Le professeur n'est pas
ennuyeux et vous non plus. 21) Mon type est laid et le tien aussi. Mon type
n'est pas laid et le tien non plus. 2) Je suis fort et eux aussi. — Je ne suis pas
fort et eux non plus.

Leçon 6, page 34
1) Il fait beau aujourd'hui. 2) Il est trop tard pour y aller. 3) C'est
ennuyeux. 4) Il fait froid. 5) Il est trop tôt. 6) C'est joli. 7) C'est très cher.
8) C'est intéressant. 9) C'est chaud. 10) C'est bon marché.

Leçon 7, page 37
1) Above all, we don't have the time today. — Est-ce que nous n'avons pas le
temps aujourd'hui? 2) She only has two children. — Est-ce qu'elle n'a que
deux enfants? 3) He hasn't been here for two months. — Est-ce qu'il n'est
plus ici depuis deux mois? 4) You never have a lot of money. — Est-ce que
vous n'avez jamais beaucoup d'argent? 5) There's nobody in the room. —
Est-ce qu'il n'y a personne dans la pièce? 6) She has nothing interesting —
Est-ce qu'elle n'a rien d'intéressant? 7) They aren't here yet. — Est-ce
qu'elles ne sont pas encore ici? 8) You only have two broads. Est-ce que tu
n'as que deux nanas? 9) We don't have two cars yet. — Est-ce que nous avons
déjà deux voitures? 10) They have only a little work. — Est-ce qu'ils n'ont
qu'un peu de travail? 11) You aren't in a hurry any more. — Est-ce que vous
êtes encore pressé? 12) We never have problems. — Est-ce que vous avez
parfois des problèmes?

Leçon 7, page 38
1) Elle est encore à Paris. ≠ Elle n'est plus à Paris. 2) Nous avons encore
beaucoup de temps. ≠ Nous n'avons plus beaucoup de temps. 3) Le patron
a encore une secrétaire. ≠ Le patron n'a plus de secrétaire. 4) Elle n'a que
deux voitures. ≠ Elle n'a plus que deux voitures. 5) Il n'a encore rien. 6) Ils
sont encore jeunes. ≠ Ils ne sont plus jeunes.

Leçon 7, page 38
1) Il n'a plus de travail ce mois-ci. — Est-ce qu'il a encore du travail ce mois-
ci? 2) Il n'y a personne dans la pièce. — Est-ce qu'il y a quelqu'un dans la
pièce? 3) Elle n'a que deux jupes. — Est-ce qu'elle n'a que deux jupes? 4) Il
n'est jamais là le dimanche. — Est-ce qu'il est quelque fois là le dimanche?
5) Nous n'avons rien d'intéressant. — Est-ce que nous avons quelque chose
d'intéressant? 6) Elle n'est pas encore là — Est-ce qu'elle est déjà là 7) Elle
est encore en France. — Est-ce qu'elle est encore en France? 8) Nous n'avons
plus le temps. — Est-ce que nous avons encore le temps? 9) Je ne suis jamais
pressé. Est-ce que vous n'êtes jamais pressé? 10) Nous avons encore beaucoup
de travail? 11) Il n'y a jamais beaucoup de neige ici en hiver. — Est-ce qu'il

y a quelquefois beaucoup de neige ici en hiver? 12) Vous n'avez qu'une voiture. — Est-ce que vous n'avez qu'une voiture? 13) Il est déjà patron. — Est-ce qu'il est déjà patron? 14) Son film est plus ou moins merdique. — Est-ce que son film est plus ou moins merdique? 15) Tous les deux, ils sont rarement pressés. — Est-ce que tous les deux, ils sont parfois pressés? 16) Ils ne sont généralement pas ici tôt. — Est-ce qu'ils sont généralement ici tôt? 17) Nous avons notre voiture depuis un an. — Est-ce que vous avez votre voiture depuis un an? 18) Ils n'ont que deux enfants. — Est-ce qu'ils n'ont que deux enfants? 19) Il n'a jamais de boulot. — Est-ce qu'il a quelquefois un boulot? 20) Vous avez des problèmes depuis un mois. — Est-ce que vous avez des problèmes depuis un mois? 21) Nous n'avons qu'un professeur. — Est-ce que vous n'avez qu'un professeur? 22) Les enfants ne sont jamais à la maison dans l'après-midi. — Est-ce que les enfants sont quelquefois là dans l'après-midi?

Leçon 7, page 39
1) Le professeur n'a pas toujours raison. 2) L'homme d'affaires a déjà du succès. 3) Je n'ai pas faim mais j'ai soif. 4) De toutes façons, j'ai peur. 5) Vous avez à peine raison. 6) Nous n'avons jamais d'argent. 7) Je n'ai plus de chance. 8) Ils ont quinze ans ensemble /à eux deux. 9) J'ai souvent froid en hiver et chaud en été. 10) Elle a rarement sommeil. 11) La secrétaire du patron n'a jamais tort. 12) Nous avons l'habitude de boire beaucoup une fois par semaine.

Leçon 8, page 44
1) Nous ne nous parlons pas souvent. 2) Est-ce qu'elle va d'habitude au cinéma le dimanche? 3) Est-ce qu'ils travaillent souvent ensemble avec le patron? 4) À qui le tour? 5) Nous mangeons. 6) Il ne m'écoute plus. 7) Vous parlez depuis une heure. 8) Généralement, nous préférons manger beaucoup le soir.

Leçon 8, page 44
1) Est-ce que tu aimes beaucoup ma jupe? — Je n'aime pas beaucoup ta jupe. 2) Est-ce que vous travaillez souvent beaucoup le lundi? — Nous ne travaillons pas souvent beaucoup le lundi. 3) Est-ce que vous achetez beaucoup de vêtements en hiver? — Je n'achète pas beaucoup de vêtements en hiver. 4) Est-ce qu'il complète la leçon aujourd'hui? — Il ne complète pas la leçon aujourd'hui. — etc.

Leçon 8, page 45
1) Nous travaillons encore tôt le matin. — Est-ce que nous travaillons encore tôt le matin? 2) Le salaud ne parle à personne. — Est-ce que le salaud parle à quelqu'un? 3) Il ne m'écoute jamais. — Est-ce qu'il écoute quelquefois? 4) Vous mangez trop. — Est-ce que vous mangez trop? 5) Vous mangez depuis une heure. — Est-ce que vous mangez depuis une heure? 6) Elle ne

parle qu'anglais. — Est-ce qu'elle ne parle qu'anglais? 7) Nous souhaitons venir avec vous. — Est-ce que vous souhaitez venir avec nous? 8) Vous fumez depuis une heure. — Est-ce que vous fumez depuis une heure? 9) Ils travaillent avec le patron. — Est-ce qu'ils travaillent avec la patron? 10) Elle n'achète que des pullovers doux. — Est-ce qu'elle n'achète que des pullovers doux? 11) Il étudie toujours le français. — Est-ce qu'il étudie toujours le français? 12) Il étudie le français depuis trois ans. — Est-ce qu'il étudie le français depuis trois ans? 13) J'adore mon type — Est-ce que j'adore mon type? 14) Nous n'allons jamais au cinéma le soir. — Est-ce que nous allons quelquefois au cinéma le soir? 15) Ils ne vont au cinéma qu'une fois par mois. — Est-ce qu'ils ne vont au cinéma qu'une fois par mois? 16) Tu répètes la même chose depuis une heure. — Est-ce que tu répètes la même chose depuis une heure? 17) De toutes façons il préfère arriver à l'heure. — Est-ce que de toutes façons il préfère arriver à l'heure? 18) J'envoie l'argent aujourd'hui. — Est-ce que j'envoie l'argent aujourd'hui?

Leçon 8, page 46
1) Qu'est-ce que vous fumez? 2) Qui travaille? 3) Qu'est-ce qu'elle achète? 4) Qu'est-ce que vous espérez faire? 5) Qui parle avec ta nana? 6) Qui aimez-vous? 7) Quel travail commençons-nous?

Leçon 8, page 46
1) aux 2) à 3) à la 4) aux 5) à la 6) au 7) aux 8) aux.

Leçon 9, page 48
1) Est-ce que tu finis ton sandwich? 2) Elle maigrit depuis des années. 3) Ils finissent leurs devoirs. 4) Qu'est-ce que tu me racontes? 5) Elle choisit le menu. 6) Ils bâtissent de nouvelles maisons près de Paris.

Leçon 9, page 50
1) que 2) qui 3) qui 4) qui 5) qui 6) qu' 7) qu' 8) que 9) que 10) qui 11) qui 12) qui 13) que 14) qui.

Leçon 9, page 50
1) Les hommes qui travaillent trop sont malheureux. 2) Le salaud qui te cherche est laid. 3) La voiture que tu achètes est trop chère. 4) La viande que tu manges est mauvaise. 5) Le prix que tu paies n'est pas bon marché. 6) La femme à qui il parle est ma nana. 7) Le sandwich que tu goûtes est le mien. 8) Qui cherchez-vous? 9) Qu'est-ce qu'elle regarde? 10) L'enfant que tu regardes est le leur. 11) La serveuse qui lui parle est intelligente. 12) Le couteau que tu achètes est vieux. 13) Le travail que nous faisons est ennuyeux. 14) La salope qui est avec lui est sotte.

Leçon 10, page 52
1) Qu'est-ce que vous désirez? 2) Ils ne vendent pas de gâteaux. 3) Combien ça coûte? 4) Je meurs de faim. Je cale. 5) Il ne vit plus à Paris. 6) Elle ne sort jamais le dimanche. 7) Je ne vois q'un homme dans le rue. 8) Nous prenons des cours de français depuis un an.

Leçon 10, page 55
1) They never take the underground (subway) alone on Saturdays. Est-ce qu'ils prennent le métro quelquefois le samedi tous seuls? 2) We don't sell cheese here any more. — Est-ce qu'on vend du fromage ici encore? 3) She never eats eggs and bacon. — Est-ce qu'elle mange parfois des œufs au bacon? 4) You've been drinking this milk for twenty minutes. — Est-ce que tu bois ce lait depuis vingt minutes? 5) He doesn't want to eat runner (string) beans any more. — Est-ce qu'il veut encore manger des haricots verts? 6) She's known it for a year. — Est-ce qu'elle sait ça depuis un an? 7) I don't see anyone. — Est-ce que tu ne vois personne? 8) He's coming with the wine. — Est-ce qu'il vient avec le vin? 9) We never eat fish. — Est-ce que nous mangeons quelquefois du poisson? 10) I only want a coffee. — Est-ce que tu ne veux qu'un café? 11) The waitress is putting too much pepper on the meat. — Est-ce que la serveuse met trop de poivre sur la viande? 12) I don't want to answer the question any more. — Est-ce que tu ne veux plus répondre à la question? 13) I'm not hungry any more. — Est-ce que j'ai encore faim? 14) We only eat French fries in this restaurant. — Est-ce que nous ne mangeons que des frites dans ce restaurant? 15) We can't work at night any more. — Est-ce que nous pouvons encore bosser le soir? 16) I only like rare meat. — Est-ce que vous n'aimez que la viande saignante? 17) The waiter only wants his tip. — Est-ce que le serveur ne veut que son pourboire? 18) I've already known him for a long time. — Est-ce que tu le connais déjà depuis longtemps? 19) He never understands the first time. — Est-ce qu'il ne comprend jamais la première fois? 20) I'm only drinking two scotches with ice. — Est-ce que vous ne buvez que deux scotches avec de la glace? 21) She doesn't say hello any more. — Est-ce qu'elle ne dit plus bonjour? 22) I never get anything. — Est-ce que vous obtenez quelquefois quelque chose (jamais rien)?

Leçon 10, page 56
1) Il est encore dans le restaurant. 2) Je n'aime pas le parfum de la glace. 3) Est-ce que vous entendez quelqu'un? 4) Ça ne vaut pas grand chose. 5) Je ne vois qu'un homme qui mange. 6) Nous ne faisons jamais de travail intéressant. 7) Ils n'habitent plus New York. 8) Elle n'achète rien. 9) Nous mangeons depuis une heure. 10) Nous avons du poulet pour le déjeuner aujourd'hui. 11) Pourquoi ne dis-tu rien? 12) Elle lit le livre depuis une semaine. 13) Il ne boit plus. 14) Nous prenons des cours de français cette année. 15) Nous prenons des cours d'espagnol depuis cinq ans. 16) Il bat sa

femme depuis cinq ans. 17) Je n'y comprends plus rien. 18) Je ne connais que deux nanas ici. 19) Je travaille beaucoup pour finir tôt. 20) Elle va à New York de temps en temps, mais il n'y va plus. 21) Malgré le mauvais temps, nous allons au restaurant. 22) Nous sommes sur le point d'avoir de nouveaux boulots. 23) Je l'aime mais il est peut-être un salaud. 24) Il ne vend que des voitures. 25) Il vend des voitures depuis cinq ans. 26) Je viens dans ce restaurant depuis l'été. 27) Je veux du thé au lieu du café, mais seulement une tasse. 28) Elle est belle, mais par contre c'est une salope.

Leçon 10, page 57
1) You must come on time tonight. 2) We have to leave at once. 3) She must eat alone. 4) You must write to the director. 5) We must leave immediately. 6) Il faut voir ce film. 7) Tu dois payer un pourboire. 8) Ils doivent manger au restaurant malgré les prix. 9) Je dois poser une question. 10) Est-ce que vous devez partir maintenant?

Leçon 11, page 61
1) C'est à vous de décider. 2) Je les vois. 3) Elle le veut. 4) Nous vous entendons. 5) Dépêchez-vous! 6) Je trouve que tu as tort. 7) Nous le mangeons. 8) Est-ce que vous me pigez?

Leçon 11, page 62
1) Je ne la comprends pas. 2) Ils ne l'habitent pas. 3) Je ne les connais pas bien. 4) Nous ne les voyons pas souvent. 5) Ils ne la mettent pas. 6) Est-ce que vous le comprenez? 7) Elle ne la connaît pas. 8) Nous pouvons l'acheter. 9) Je le mange tous les jours. 10) Vous la faites entrer dans mon bureau. 11) Je dois aller les acheter pour le dîner. 12) Je peux le voir pendant une heure. 13) Elle nous attend souvent après la leçon. 14) Je les aime. 15) Je vous vois souvent au cinéma. 16) Elle l'emprunte . . . 17) Nous la démarrons . . . 18) Nous les apprenons. 19) Il l'achète . . . 20) Nous le prenons . . . 21) Ils l'ouvrent . . . 22) Ils le font bien. 23) Je ne la reconnais pas. 24) Vous les mettez . . . 25) Il la connaît. 26) Elles les lisent. 27) Nous le buvons. 28) Le professeur ne les déçoit pas souvent.

Leçon 11, page 63
1) Je n'aime pas ce gâteau dur et je ne le veux pas. 2) Je peux les voir avec le directeur. 3) Nous ne pouvons pas vous entendre. 4) Je ne l'envoie pas. 5) Le professeur est ennuyeux et nous ne l'écoutons pas souvent. 6) Il doit faire son lit. 7) Vous devez monter en haut pour le trouver. 8) Le diamant est cher mais je l'aime vraiment. 9) Ils ne nous aiment pas. 10) C'est le même que le mien. 11) La leçon est trop difficile et nous ne la comprenons pas. 12) Vous pouvez les voir dans la rue. 13) Je connais cette femme mais

je ne l'aime pas. 14) Est-ce que vous les reconnaissez? 15) Est-ce que vous le voulez pour lundi? 16) Elle porte des vêtements sport et elle les aime. 17) Ils habitent les pièces du haut. 18) Je connais beaucoup de choses intéressantes. 19) Les étudiants déçoivent souvent le professeur, mais il les aime bien. 20) Est-ce que tu bats ta femme de temps en temps? — Non, je ne la bats jamais. 21) Je prends le métro. Est-ce que tu le prends? 22) Elle n'aime que les manteaux de fourrure chers mais elle ne les achète jamais. 23) Nous ne mangeons (prenons) que deux repas par jour. 24) J'achète une maison mais mon type ne l'aime pas. 25) La leçon commence. Est-ce que vous la trouvez difficile? 26) Le mot est difficile. Je ne peux pas l'épeler. 27) Le travail est assez long. Je ne veux pas le faire. 28) Le livre est difficile mais je dois le compléter.

Leçon 12, page 68
1) Je lui parle souvent à elle, mais pas à lui. 2) Ces livres n'appartiennent pas au patron, ils m'appartiennent. 3) Ma belle-mère ne nous écrit pas souvent. 4) J'aime mes parents et je pense souvent à eux. 5) Il me donne son dernier livre. 6) Ils nous disent toujours leurs problèmes. 7) Nous ne vous voyons pas assez. 8) Je ne lui parle jamais.

Leçon 12, page 69
1) Je ne lui écris pas de temps à autres. — Est-ce que tu lui écris de temps à autre? 2) Je ne lui dis pas de le faire. — Est-ce tu lui dis de la faire?, etc.

Leçon 12, page 70
1) le 2) leur 3) lui 4) lui 5) il 6) le 7) leur 8) lui 9) la 10) eux 11) leur 12) moi 13) lui 14) moi.

Leçon 12, page 70
1) Je connais sa mère. La connaissez-vous? — Je ne connais pas sa mère. Ne la connaissez-vous pas? 2) Heureusement la bonne fait le ménage. — Malheureusement la bonne ne fait pas le ménage. 3) Son mari parle a ses beaux-parents. — . . . 4) Tu me l'expliques. — . . . 5) Je pense encore à lui. Et toi? — . . . 6) La voiture m'appartient. — . . . 7) Elle leur dit ses problèmes. — . . . 8) Il lui donne un joli pull. — . . . 9) Je travaille depuis longtemps. — . . . 10) Il pense souvent à sa femme. — . . . 11) Est-ce que tu lui parles souvent? Non, je lui parle à peine. — . . . 12) Il est étrange mais malgré cela je l'aime. — . . . 13) A qui appartient cette maison-là? — . . . 14) Je le vois tous les jours. — . . .

Leçon 13, page 73
1) Tu plaisantes! 2) Je n'ai pas de cigarettes. Est-ce que vous en avez? 3) Est-ce que vous avez besoin d'argent? — Oui, j'en ai besoin. 4) Je manque de

temps. 5) Du café? J'en ai un peu. 6) Ils ont des /quelques journaux. 7) Vous jouez tous les combien? 8) Depuis quand travaillez-vous ici?

Leçon 13, page 75

1) Est-ce que vous voulez du café? — Oui, j'en veux. — Non, je n'en veux pas. 2) Est-ce qu'elle a besoin d'argent? — Oui, elle en a besoin. — Non, elle n'en a pas besoin. 3) Est-ce que nous connaissons des gens ici? — Oui, nous en connaissons. — Non, nous n'en connaissons pas. 4) Est-ce qu'ils manquent de temps? — Oui, ils en manquent. — Non, ils n'en manquent pas. 5) Est-ce que vous voulez boire du vin? — Oui, je veux en boire. — Non, je ne veux pas en boire. 6) Est-ce que vous mangez quelque fois des haricots verts? — Oui, nous en mangeons quelquefois. — Non, nous n'en mangeons jamais. 7) Est-ce que vous buvez beaucoup de bière? — Oui, j'en bois beaucoup. — Non, je n'en bois pas beaucoup. 8) Est-ce que les étudiants ont besoin d'une autre leçon. — Oui, ils en ont besoin. — Non, ils n'en ont pas besoin. 9) Est-ce que vous parlez de ses problèmes? — Oui, nous en parlons. — Non, nous n'en parlons pas. 10) Est-ce qu'il a l'habitude de manger de la viande? — Oui, il en a l'habitude. — Non, il n'en a pas l'habitude. 11) Est-ce qu'il a besoin d'un nouvel appartement? — Oui, il en a besoin. — Non, il n'en a pas besoin. 12) Est-ce que vous vendez des voitures? — Oui, nous en vendons. — Non, nous n'en vendons pas. 13) Est-ce qu'ils ont des pourboires? — Oui, ils en ont. — Non, ils n'en ont pas. 14) Est-ce que ta mère achète souvent des gâteaux? — Oui, elle en achète souvent. — Non, elle n'en achète pas souvent. 15) Est-ce que vous prenez des cours d'anglais? — Oui, j'en prends. — Non, je n'en prends pas. 16) Est-ce qu'elle parle du film? — Oui, elle en parle. — Non, elle n'en parle pas. 17) Est-ce qu'ils ont beaucoup de pulls? — Oui, ils en ont beaucoup. — Non, ils n'en ont pas beaucoup. 18) Est-ce qu'il connaît des nanas? — Oui, il en connaît. — Non, il n'en connaît pas. 19) Est-ce que vous connaissez beaucoup de gens? — Oui, j'en connais beaucoup. — Non, je n'en connais pas beaucoup. 20) Est-ce que vous lisez des livres intéressants? — Oui, j'en lis. — Non, je n'en lis pas. 21) Est-ce que nous avons besoin de toutes ces revues? — Oui, nous en avons besoin. — Non, nous n'en avons pas besoin. 22) Est-ce qu'il sont du travail à faire aujourd'hui? — Oui, ils en ont. — Non, ils n'en ont pas. 23) A-t-elle l'habitude de fumer beaucoup? — Oui, elle en a l'habitude. — Non, elle n'en a pas l'habitude. 24) Est-ce que tu manques d'argent? — Oui, j'en manque. — Non, je n'en manque pas. 25) Est-ce que j'ai peur de leurs chiens? — Oui, j'en ai peur. — Non, je n'en ai pas peur. 26) Est-ce que vous avez de l'argent à me prêter — Oui, j'en ai. — Non, je n'en ai pas. 27) Est-ce qu'il a besoin d'une nouvelle voiture. — Oui, il en a besoin. — Non, il n'en a pas besoin. 28) Est-ce que vous voulez un toast? — Oui, j'en veux. — Non, je n'en veux pas.

Leçon 14, page 77

1) Est-ce qu'il vous arrive de jouer? — Non, je ne joue jamais. 2) Est-ce qu'il

lui arrive de lire le journal? Non, il ne le lit jamais. 3) Est-ce qu'il lui arrive de taquiner sa femme? — Non, il ne la taquine jamais. 4) Est-ce qu'il t'arrive de manquer d'argent? — Non, je ne manque jamais d'argent. 5) Est-ce qu'il leur arrive d'aller au théâtre? — Non, ils n'y vont jamais. 6) Est-ce qu'il vous arrive de faire des voyages? — Non, nous ne faisons jamais de voyages. 7) Est-ce que cela nous arrive d'avoir tort? — Non, nous n'avons jamais tort. 8) Est-ce qu'il lui arrive de travailler à mi-temps? — Non, il ne travaille jamais à mi-temps.

Leçon 14, page 77
1) J'espère que vous avez raison, 2) Je pense que c'est un type sympa. 3) Ils disent que tu as de la chance. 4) Je sais qu'il a besoin d'argent. 5) Je trouve que vous avez tort. 6) Je pense qu'il a l'habitude de boire beaucoup. 7) Je sais que ce type est un salaud. 8) Est-ce que tu trouves que nous avons besoin d'aide?

Leçon 14, page 79
1) Nous mangeons depuis une heure. — Est-ce que nous mangeons depuis une heure? 2) Ils skient depuis ce matin. — Est-ce qu'ils skient depuis ce matin? 3) Nous attendons le professeur maintenant . . . 4) Les enfants jouent depuis deux heures. 5) Il nage depuis longtemps. 6) Ils sont là depuis janvier. 7) Ils sont dans le nouvel appartement depuis la semaine dernière. 8) Il joue maintenant. Il joue toujours le samedi. 9) Les étudiants sont en vancancies depuis un mois. 10) Je ne vais plus les voir depuis longtemps. 11) Elle a de la chance maintenant et elle a de la chance depuis son mariage. 12) Mes parents sont sur la plage depuis ce matin. 13) Ils font toujours des voyages pendant l'été. 14) Je travaille ici depuis l'hiver. 15) Elle parle maintenant. Elle parle toujours beaucoup. Elle parle depuis deux heures. 16) Tu lis le même livre depuis hier. 17) La bonne fait le ménage maintenant. Elle le fait toujours l'après-midi. 18) Elle ne peut pas trouver de travail à mi-temps et doit travailler à temps complet. 19) Nous apprenons l'anglais depuis deux ans. 20) Je le connais depuis dix ans. 21) J'écris une lettre à mes beaux-parents. Je leur écris toujours. 22) Ils habitent Paris depuis trois ans. Ils habitent d'habitude en Europe. 23) Elle mange maintenant. Elle mange toujours à cette heure-ci. 24) Tu parles depuis une heure. Tu parles toujours trop. 25) J'ai besoin de plus d'argent depuis longtemps. 26) Je grossis depuis les vacances. Je grossis toujours pendant l'été. 27) Je t'attends depuis une heure. Je t'attends toujours. 28) Je sais qu'il est marié depuis deux ans.

Leçon 15, page 83
1) Je vous appellerai ce soir en tous cas. Je ne vous appellerai pas ce soir en tous cas. 2) Nous ferons une promenade malgré le mauvais temps — Nous ne ferons pas de promenade . . . 3) Ils porteront mes lourds bagages. — Ils ne porteront pas mes lourds bagages. 4) Elle répondra à ses lettres demain. —

Elle ne répondra pas à ses lettres demain. 5) Nous ferons un voyage la semaine prochaine. 6) Je pourrai le faire dans une semaine. 7) J'espère qu'il viendra bientôt. 8) Elle écrira quelquefois, j'espère. 9) Elle achètera une voiture au lieu d'un vélo. 10) Ils feront le ménage de temps en temps. 11) Je viendrai donc à l'heure. 12) Peut-être vous penserez qu'elle a tort. 13) Vous devrez poser une question immédiatement. 14) Nous lirons le bouquin en attendant. 15) Je boirai quatre verres de vin ce soir. 16) J'habiterai enfin Paris. 17) Elle aura beaucoup de liquide avec elle. 18) Il me battra à cause de ça. 19) Il laissera une pourboire au garçon. 20) Est-ce que vous pourrez venir dans deux semaines? 21) Je devrai partir demain. 22) Vous attraperez un rhume à cause du temps. 23) Je serai prête à dix heures. 24) Il aura besoin d'un comprimé pour son mal de tête.

Leçon 16, page 85

1) If you're tired will you go to bed? — Oui si je suis fatigué, j'irai au lit. 2) If you have a sore throat, will you take a pill? — Oui, si j'ai mal à la gorge je prendrai un comprimé. 3) If she catches a cold, will she be tired? — Oui, si elle attrape un rhume, elle sera fatiguée. 4) If you ask me a question, will I answer you? — Oui, si vous me posez une question, je vous répondrai. 5) If she can do it alone, will she do it? — Oui, si elle peut le faire toute seule, elle le fera. 6) If you call me, will I hang up? — Oui, si tu me téléphones, je raccrocherai. 7) If a pal must go to the doctor, will I go with him? — Oui, si un copain doit aller chez le médecin, j'irai avec lui. 8) If I'm hungry, will you give me something to eat? — Oui, si j'ai faim, tu me donneras quelque chose à manger. 9) If the book is a drag, will you read it anyway? — Oui, si le livre est rasoir, je le lirai de toutes façons. 10) If you're rich, will you buy a new house? — Oui, si je suis riche, j'achèterai une nouvelle maison. 11) If we don't understand the teacher, will we tell him? — Oui, si nous ne comprenons pas le professeur, nous lui dirons. 12) If it's nice out, will we go to the movies? — Oui, s'il fait beau, nous irons au cinéma. 13) If I'm lucky, will I be happy? — Oui, si j'ai de la chance, je serai heureuse. 14) If you can, will you go the next day? — Oui, si nous pouvons, nous irons le lendemain.

Leçon 16, page 86

1) Si vous voyez un bon film, est-ce que vous me le direz? — Oui, si je vois un bon film, je vous le dirai. — Non, si je vois un bon film, je ne vous le dirai pas. 2) Si elle boit trop, est-ce que son mari sera heureux? — Oui, si elle boit trop, son mari sera heureux. — Non, si elle boit trop, son mari ne sera pas heureux. 3) Si tu as besoin d'aide, est-ce que tu m'appeleras? — ... 4) S'ils maigrissent, est-ce qu'ils se sentiront mieux? — ... 5) Si elle a beaucoup d'argent est-ce qu'elle achètera un nouvel appartement? — ... 6) Si je suis malade, est-ce que tu viendras avec moi chez le médecin? — ... 7) Si dois faire un voyage le semaine prochaine, est-ce que vous viendrez avec moi? — ... 8) Si je vous pose des questions, est-ce que vous répondrez? — ... 9) Si j'ai besoin d'argent,

est-ce que vous m'en prêterez un peu? — . . . 10) S'il a de la chance, est-ce qu'il gagnera beaucoup d'argent? — . . . 11) Si vous aimez son gâteau, est-ce que vous lui direz? — . . . 12) Si votre femme vous aime, est-ce que vous serez heureux? — . . . 13) S'ils ne comprennent pas, est-ce que le professeur les aidera? — . . . 14) Si elle ne t'appelle pas ce soir, est-ce que tu l'appelleras? — . . . 15) Si tu ne peux pas le faire, est-ce que tu me le diras? — . . . 16) Si le patron a tort, est-ce que nous le saurons? — . . . 17) Si vous n'avez pas l'habitude de boire, est-ce que vous serez malade? — . . . 18) Si tu ne peux pas venir, est-ce que tu peux m'appeler pour me le dire? — . . . 19) Si tu n'aimes pas le repas, est-ce que tu prendras un autre plat? — . . . 20) S'ils attrapent un rhume, est-ce qu'ils auront de la fièvre? — . . . 21) Si je suis fatiguée, est-ce que je bosserai? — . . . 22) Si vous avez soif, est-ce que vous boirez une bière? — . . . 23) Si vous avez besoin de liquide, est-ce que vous irez à la banque? — . . . 24) Si nous ne répondons pas, est-ce que le professeur deviendra dingue? — . . . 25) S'il tombe des cordes, est-ce que vous serez mouillé? — . . . 26) Si le flic est un salaud, est-ce que nous pourrons faire quelque chose? — . . . 27) Si le restaurant est cher, est-ce que nous irons de toutes façons? — . . . 28) Si la patron arrive tard, est-ce que nous le ferons aussi? — . . .

Leçon 17, page 89
1) Ils mangent maintenant. Ils sont en train de manger maintenant. 2) Il travaille encore. Il est encore en train de travailler. 3) Elle choisit une nouvelle jupe. — . . . 4) Est-ce qu'elle boit de la bière? — . . . 5) Elle appelle son copain. — . . . 6) Il lit un roman. — . . . 7) Nous essayons de le faire. — . . . 8) Est-ce que vous attrapez un rhume? — . . .

Leçon 17, page 89
1) C'est du gâteau! 2) Quel est votre passe-temps préféré? 3) Ne vous inquiètez pas! Je ne perdrai pas mon porte-feuille. 4) Pourquoi êtes-vous si tendu? 5) Bien! bien! 6) Ils viennent pour Noël. 7) Et alors? 8) Je le ferai le jour même.

Leçon 17, page 90
1) Je connais Jane. 2) Est-ce que vous connaissez Londres? 3) Est-ce que vous savez conduire? 4) Est-ce que vous connaissez la réponse? 5) Est-ce que vous connaissez sa femme? 6) Est-ce que vous connaissez ce magasin? 7) Est-ce que vous connaissez sa famille? 8) Est-ce que vous savez votre leçon?

Leçon 17, page 91
1) It's not what you think. 2) It isn't what I mean. 3) I don't understand what you want. 4) I know what she'll tell you. 5) Do you know what interests him? 1) Est-ce que vous savez ce que vous voulez manger? 2)

Je ne suis pas sûre de ce qu'elle pense. 3) Nous savons ce que nous devons faire. 4) C'est ce qui m'inquiète. 5) C'est ce qui m'intéresse.

Leçon 18, page 93
1) Cela ne me surprendrait pas. 2) C.est la plus grande de la famille. 3) C'est la même chose. 4) Cela ne valait pas la peine. 5) Quel âge avez-vous? 6) Il n'est pas aussi riche que mon frère. 7) Dieu merci! 8) C'est le pire patronne de la société.

Leçon 18, page 94
1) la plus grande. — Est-ce qu'elle est la plus grande de la famille? 2) le meilleur. — Est-ce que c'est le meilleur appareil-photo de la boutique?
3) Est-ce que mon coup de soleil est le plus joli? 4) Est-ce que cette banque est la plus propre de la ville? 5) Est-ce que cette région est la plus pauvre d'Europe? 6) Est-ce que l'argent français est le plus joli? 7) Est-ce que ces montagnes sont les plus difficiles à monter? 8) Est-ce que cette épicerie est la plus chère? 9) Est-ce que c'est le cadeau le plus gentil que j'ai reçu? 10) Est-ce que votre bague est la plus merveilleuse de la bijouterie? 11) Est-ce que ce supermarché est le plus proche de la maison? 12) Est-ce que ton collier est le plus grand de tous? 13) Est-ce que cette affaire est la meilleure de l'année? 14) Est-ce que ce boucher est le plus mauvais de la rue?

Leçon 18, page 94
1) Est-ce que cette fille est plus sérieuse que moi? 2) Est-ce que cette plage est plus belle que celle-là? 3) Est-ce que le premier étage est plus propre que le rez-de-chaussée? 4) Est-ce que le boulanger est plus près que le boucher? 5) Est-ce que votre bague est plus chère que mon bracelet? 6) Est-ce que sa femme est plus moche que la tienne? 7) Est-ce que ce film est plus dégueulasse que celui d'hier? 8) Est-ce que ma sœur est plus gentille que son type? 9) Est-ce que cette leçon est plus intéressante que l'autre? 10) Est-ce qu'il est plus extra que sa femme? 11) Est-ce que son nouveau roman est meilleur que le premier? 12) Est-ce que ce jeu est plus ennuyeux que l'autre? 13) Est-ce que sa fille est plus mignonne que sa femme? 14) Est-ce que cette somme est plus importante que celle de la semaine dernière?

Leçon 18, page 95
Grand, plus grand que, moins grand que, aussi grand que, le plus grand, le moins grand. — Long, plus long que, moins long que, aussi long que, le plus long, le moins long. — Mauvais, plus mauvais que, moins mauvais que, aussi mauvais que, le plus mauvais, le moins mauvais. And so on through: doux, chaud, mince, fort, sûr, loin, triste, lourd, bon marché, vif, profond, faible, joli, dangereux, intéressant, difficile, ennuyeux, sérieux, cher, soigneux, intelligent, poli, juste, moche, dégueulasse, vieux, jeune, bon, beau, sot, stupide, désordonné, bondé, plein, sec, dur, habillé.

Leçon 18, page 96

1) Elle est aussi mignonne que ta sœur. Elle est plus mignonne que ta sœur.
2) Notre voyage est aussi intéressant que le vôtre. Notre voyage est plus intéressant que le vôtre. 3) Mon épicerie est aussi bon marché que le leur. Mon épicerie est meilleur marché que la leur. 4) Votre bijouterie est aussi belle que la sienne. − . . . 5) Ce livre-ci est aussi moche que celui-là. − . . . 6) Votre violon d'Ingres est aussi ennuyeux que le mien. − . . . 7) Le metteur en scène est aussi bidon que sa pièce. − . . . 8) Cette leçon est autant du gâteau que la dernière. − . . . 9) Votre porte-feuille est aussi plein que le mien. − . . . 10) Mes copains sont aussi drôles que les tiens. − . . . 11) Ce roman est aussi dégueulasse que le dernier. − . . . 12) Cette pièce est aussi chouette que le livre. − . . . 13) Ma douche est aussi chaude que celle de Jane. − . . . 14) Mon fric est aussi bon que le vôtre. − . . . 15) Leur devoir est aussi difficile que le nôtre. − . . . 16) Sa belle-sœur est aussi mignonne que sa mère. − . . . 17) Mon maillot de bain est aussi sexy que celui de ma cousine. − . . . 18) Ce restaurant est aussi bondé que l'autre. − . . . 19) Ma chambre est aussi désordonnée que la tienne. − . . . 20) Ces montagnes sont aussi hautes que le ciel. − . . . 21) Ma robe est aussi charmante que la tienne. − . . . 22) Il est aussi paresseux que son père. − . . . 23) Ils sont aussi aisés que leur parents. − . . . 24) Je suis aussi fauché que toi. − . . . 25) Les professeurs sont aussi pauvres que les étudiants. − . . . 26) Leur appartement est aussi haut que ma maison. − . . .

Leçon 18, page 97

1) Est-ce que vous avez quelque chose à faire ce soir? − Non, je n'ai rien à faire. 2) Est-ce que vous allez quelque part après le cours? − Non, je ne vais nullepart après le cours. 3) Est-ce qu'il y a quelqu'un d'important dans la pièce? − Non, il n'y a personne d'important dans la pièce. 4) Est-ce que vous irez n'importe où avec moi? − Non, je n'irai pas n'importe où avec vous. 5) Est-ce qu'elle me donnera quelque chose à boire? − Non, elle ne me donnera rien à boire. 6) Est-ce qu'ils verront quelque chose d'intéressant au cinéma? − Non, ils ne verront rien d'intéressant au cinéma. 7) Pouvez-vous trouver quelque chose de drôle à faire ce soir? − Non, je ne peux rien trouver de drôle à faire ce soir. 8) Est-ce que vous le verrez quelque part à New York? − Non, je ne le verrai nulle part à New York 9) Est-ce qu'il y a une nana sexy ici? − Non, il n'y a pas de nana sexy ici. 10) Y-a-t-il quelque chose de pire qu'un mauvais flic? − Non, il n'y a rien de pire qu'un mauvais flic. 11) Est-ce que vous ferez quelque chose d'excitant cet après midi? − Non, nous ne ferons rien d'excitant cet après-midi. 12) Est-ce que quelqu'un vient vous voir après le cours? − Non, personne ne vient vous voir après le cours. 13) Est-ce que vous allez quelque part seul? − Non, je ne vais nulle part seul. 14) Est-ce que la personne à côté de vous est quelqu'un d'intéressant? − Non, la personne à côté de moi n'est personne d'intéressant

Leçon 18, page 97

1) Il ne viendra jamais vous voir. — Est-ce qu'il viendra quelquefois vous voir? 2) Je ne connais personne d'intéressant dans la famille. — Est-ce que vous connaissez quelqu'un d'intéressant dans la famille? 3) Ils ne connaissent personne de riche. 4) Il ne veut aller nulle part. 5) Elle ne lit jamais rien d'intéressant. 6) Je ne sais pas si quelqu'un viendra. 7) Il ne voit ses copains nulle part. 8) Il ne veut plus aller au cinéma. 9) Je ne veux rien à boire. 10) Nous n'apprenons rien. 11) Elle ne voit personne de chouette dans l'école. 12) Ils ne savent pas s'ils peuvent en trouver un quelque part. 13) Vous ne comprenez rien. 14) Il n'y a personne qui comprend.

Leçon 18, page 98

— tristement — durement — bien — mal — sérieusement — facilement — lentement — longuement — poliment — fréquemment — doucement — profondément — rapidement — drôlement — heureusement — sèchement — rarement — grandement — bêtement — intelligemment — chèrement — immédiatement — soudainement — stupidement.

Leçon 19, page 101

1) C'est à gauche. 2) J'ai dormi deux heures. 3) J'ai divorcé il y a deux ans. 4) Elle a eu du succès avec la pièce. 5) Nous avons commencé les cours de français le mois dernier. 6) Est-ce que tu as beaucoup mangé ce matin? 7) Il m'a appelé il y a deux heures. 8) Ferme-la! 9) Je n'ai jamais pris le métro l'année dernière. 10) Je n'ai eu mes enfants qu'il y a quatre ans.

Leçon 19, page 102

1) Est-ce qu'il a échoué à son examen? — Il n'a pas échoué à son examen. 2) Est-ce qu'on a rendu visite à mes beaux-parents la semaine dernière? — Non, on n'a pas rendu visite à mes beaux-parents la semaine dernière. 3) Est-ce que j'ai réussi l'affaire? — ... 4) Est-ce que nous avons visité le musée? — ... 5) Est-ce que l'avion a décollé à dix heures? — ... 6) Est-ce que les élèves ont répondu à la question? — ... 7) Est-ce que tu m'as offert un joli cadeau? — ... 8) Est-ce qu'il a gagné le jeu? — ... 9) Est-ce que j'ai oublié ton nom? — ... 10) Est-ce que je trouve que tu as tort? — ... 11) Est-ce que j'ai beaucoup aimé ce type? — ... 12) Est-ce qu'il a vendu sa voiture à ma cousine? — ... 13) Est ce qu'elle a beaucoup pleuré cette nuit? — ... 14) Est-ce que nous avons beaucoup attendu le train? — ... 15) Est-ce que j'ai fait tout ce que j'ai pu? — ... 16) Est-ce qu'on a mangé sans toi? — ... 17) Est-ce que tu as beaucoup maigri? — ... 18) Est-ce qu'elle a battu son mari? — ... 19) Est-ce que j'ai lu le livre et est-ce que j'ai vu la pièce? — ... 20) Est-ce que c'est ce que j'ai voulu? — ...

Leçon 19, page 103

1) Est-ce qu'il a quitté son bureau à dix heures? — Non, il n'a pas quitté son

bureau à dix heures. 2) Est-ce qu'ils ont fait une promenade dimanche dernier? — Non ils n'ont pas fait de promenade dimanche dernier. 3) Est-ce qu'elle a attrapé un rhume dans la neige? 4) Est-ce que vos dents vous ont fait mal la semaine-dernière? 5) Est-ce que tu as éternué tout a l'heure? 6) Est-ce que c'est arrivé hier? 7) Est-ce que tu as eu un mal de gorge il y a deux semaines? 8) Est-ce qu'elle s'est reposée après le travail d'hier? 9) Est-ce que vous avez apporté les livres seul? 10) Est-ce que la pièce a eu du succès? 11) Est-ce qu'elle a eu de la chance avec vous? 12) Est-ce que vous avez dû y aller hier? 13) Est-ce que vous avez eu peur des chiens? 14) Est-ce que tu as eu vingt-cinq ans le mois dernier? 15) Est-ce tu as habité là longtemps? 16) Est-ce que vous avez aimé leur mariage? 17) Est-ce que l'avion a décollé à l'heure? 18) Est-ce que vous l'avez fait avec votre mari? 19) Est-ce qu'elle a porté un nouveau manteau? 20) Est-ce qu'ils vous ont dit ce qu'ils sont su? 21) Avez-vous fini la leçon? 22) Est-ce que vous avez entendu ce qu'elle a dit? 23) Est-ce que tu as pensé ce que tu as dit? 24) Est-ce qu'elle a acheté ce qu'elle a voulu? 25) Est-ce qu'elle a dû le faire hier? 26) Est-ce qu'elle a choisi ce que vous lui avez dit? 27) Est-ce qu'ils vous ont envoyé les livres en temps voulu? 28) Est-ce que vous avez hai vos parents quand ils ont divorcé?

Leçon 19, page 104

— vécu — obtenu — combattu — fourni — conduit — espéré — mis — endormi — regardé — pu — choisi — cousu — lu — dû — dit — suggéré — mangé — acheté — répondu — voulu — bu — su — connu — compris — préféré — ouvert — interdit — conduit — attendu — dû — trouvé — reçu — atteint — senti — ri — maigri — complété — repéré — protégé — tenu — valu — couvert — appelé — jeté — suivi — reconnu — couru — convaincu — permis — établi — épelé — répété — vu — écrit — donné — parlé.

Leçon 20, page 109

1) Rappelez-moi de le faire. 2) Nous n'avons jamais été en Chine. 3) Je reçois du monde ce soir. 4) Quel coup de chance! 5) Je ne suis allée qu'une fois au zoo. 6) Vous n'avez pas de chance. 7) Elle est née en Europe. 9) Elle n'est venue avec personne.

Leçon 20, page 110

1) Est-ce que j'ai été à New York depuis longtemps? — I haven't been to New York for a long time. 2) Est-ce qu'elle est retournée deux fois le voir? — She returned twice to see him. 3) Est-ce que je ne suis restée que deux mois en vacances? — I only stayed two months on vacation. 4) Est-ce que nous sommes jamais allés à Chicago? — We've never been to Chicago.
5) Est-ce qu'il est sorti avec elle hier soir? — He went out with her last night.
6) Est-ce que l'accident est arrivé la nuit? — The accident happened during the night. 7) Est-ce que vous êtes né à Rio de Janeiro? — You were born in

Rio de Janeiro. 8) Est-ce qu'il est mort l'année dernière? — He died last year.
9) Est-ce que je suis déjà tombé dans la rue? — I've never fallen in the street.
10) Est-ce que je suis sortie avec quelqu'un hier? — I didn't go out with
anyone yesterday. 11) Est-ce qu'il est devenu le patron de la compagnie? —
He became the boss of the company. 12) Est-ce que je suis rentrée chez moi
après le boulot? — I returned home after work. 13) Est-ce qu'elle est montée
en haut? — She went upstairs. 14) Est-ce que je me suis demandé si tu es
jamais allé aux États-Unis? — I wondered if you had ever been to the States.

Leçon 20, page 110
1) Est-ce que vous avez déjà été au cinéma avec lui? — Non, je n'ai jamais été
au cinéma avec lui. 2) Est-ce que vous avez déjà vu un film de première
classe? — Non, je n'ai jamais vu un film de première classe. 3) Elle est tombée
et s'est cassé un bras. — Elle n'est pas tombée et ne s'est pas cassé de bras.
4) Je suis allé deux fois mais vous n'avez pas été là. — . . . 5) Elle est française
mais malgré cela elle est née à New York. — . . . 6) Pourquoi n'êtes-vous
venu qu'une fois me voir? — . . . 7) Le mari et la femme sont morts ensemble.
— . . . 8) Ils ont été tous les deux dans le pétrin et sont allés voir les flics
ensemble. 9) Je ne suis allée avec personne. Je suis allée seule. — . . . 10) Il
est retourné à la maison depuis son mariage. — . . . 11) Je suis souvent allé à
la plage. — . . . 12) Je me suis demandé où vous êtes né. — . . . 13) Il est
reste à la maison, cependant je suis allé au cinéma. — . . . 14) Elle est
descendue puis elle est montée. — . . .

Leçon 21, page 112
1) Tu triches. 2) Il va l'appeler demain. 3) Ils vont prendre l'avion dans
l'après-midi. 4) Je viens de finir de lire le livre. 5) Jane vient de partir.
6) Décidez-vous. 7) Elle trompe son mari. 8) Je trouve que vous avez tort.
9) Ils viennent d'acheter un nouvel appartement. 10) Est-ce que vous allez
la voir demain? 11) Il vient de sortir tout à l'heure. 12) Il va sortir dans un
instant. 13) En fait, ce tour n'a pas été très drôle. 14) Nous venons de finir
de faire les valises.

Leçon 21, page 114
1) Do you want some more wine? 2) She isn't sick any more. 3) We often
talk to each other. 4) Does this ass still have problems with his broad?
5) Does she still cheat on her husband? 6) I don't want any more bread. Do
you want some more? 7) We write to each other a lot during the year.
8) Do you still plan to divorce? 9) Do you want something else? 10) They
love each other very much. 11) Does she still have someone else in her life?
12) Some more water please! 13) Do you still have problems with the boss?
14) Do you plan to ask your father for more dough?

Leçon 21, page 114

1) Ils s'aiment encore. 2) Est-ce qu'ils habitent toujours New York? 3) Est-ce que vous voulez toujours faire un voyage avec moi? 4) Nous n'avons plus l'intention de tromper nos femmes. 5) Est-ce que vous avez toujours un mauvais coup de soleil? 6) Ils se parlent souvent. 7) Est-ce qu'elle s'inquiète toujours de la santé de ses gosses? 8) Est-ce que vous voulez encore du pain? — Non, je n'en veux plus merci. 9) Est-ce que vous prenez toujours des médicaments pour votre mal de gorge? 10) Est-ce que ça fait toujours mal? 11) Nous nous écrivons souvent. 12) Je suis encore occupé. Pouvez-vous m'appeler plus tard? 13) Il n'est plus malade. Et vous? 14) Encore un peu d'eau, s'il vous plaît!

Leçon 21, page 115

1) Elle n'est allée à New York que trois mois mais elle est là depuis trois ans déjà. 2) Nous travaillons depuis deux heures, mais il n'a travaillé qu'une heure. 3) Ils mangent depuis midi. Ils ont déjà mangé tout le poulet. 4) J'ai connu sa famille toute ma vie. J'ai bien connu son père avant sa mort. 5) J'ai acheté ma voiture la semaine dernière. Est-ce que vous avez déjà acheté une voiture? 6) Nous prenons des cours de français depuis deux ans. Nous avons pris trente leçons l'année dernière. 7) J'ai grossi le mois dernier. Je grossis depuis Noël dernier. 8) Est-ce que vous avez déjà été à New York? — Oui, j'y suis allé l'année dernière. 9) Elle dort depuis dix heures. Elle a aussi dormi dix heures la nuit dernière. 10) Tu regardes la télé depuis une heure. Hier tu l'as regardée tout la journée. 11) Ils vivent à Rome depuis cinq ans. Avant ils ont vecu à Paris un an. 12) Les gosses jouent depuis deux heures. Ils ont joué deux heures hier aussi. 13) Elle est mariée à ce mari depuis six mois. Elle a été mariée trois ans au premier. 14) Il travaille dans cette compagnie depuis douze ans. Il n'a travaillé que deux ans dans l'autre.

Leçon 22, page 120

1) Que faisiez-vous quand j'ai appelé? 2) Il se trouve que je recevais quand vous avez appelé. 3) Il m'a déçu. 4) Est-ce que vous travailliez quand je suis rentré. 5) Que faisiez-vous pendant qu'il dormait? 6) Ils buvaient pendant que nous regardions la télévision. 7) Elle lisait pendant qu'il parlait au patron. 8) Ils prenaient un cours d'anglais quand nous sommes entrés. 9) Qu'est-ce que vous chuchotiez quand elle est entrée dans la pièce? 10) Jc travaillais dur pendant que tu taquinais les gosses.

Leçon 22, page 121

1) est venu, dînaient 2) écriviez, ai appelé 3) mangeions, travailliez 4) était fatigué, suis arrivé 5) avez arrêté, suis entré 6) lisait, ai téléphoné 7) ont vu, est entré 8) étiez, suis arrivé 9) marchait, ai rencontré 10) partait, continuions 11) parlaient, est entré 12) se plaignait, parlions 13) suis venu,

mangeaient 14) suis parti, pleuvait 15) avez appelé, prenais 16) ai vu, ai pas reconnu 17) trichaient, a quitté 18) finissions, ai dû 19) rêvais, travaillais 20) ai vu, était 21) avais l'air, ai rencontré 22) saviez, ai vu 23) étais, a decidé 24) avons commencé, a commencé, a plu 25) buvions, mangeaient 26) étions en train de, m'a demandé 27) sont arrivés, partions 28) étiez en train de, a mis.

Leçon 22, page 122

1) What were you doing yesterday while I was sleeping? 2) I was eating when you came. 3) I was answering the question while the other pupils were listening. 4) He was coming to see us when the accident happened. 5) I was buying a new car when I met this crummy guy. 6) The kids were watching the television while their parents were entertaining. 7) She was earning a living while he was sleeping. 8) I was just coming out when you came in. 9) We were drinking while you were working. 10) When you called, I was taking a shower. 11) I was taking a bath when you came in the bathroom. 12) I was just opening the book when you called. 13) We were taking a trip while you were going to the States. 14) I was entertaining a lot of people when you came yesterday night.

Leçon 22, page 122

1) Que faisais-tu quand j'ai appelé? 2) Pourquoi travailliez-vous pendant que je dormais? 3) Elle passait un examen pendant que je regardais la télévision. 4) La bonne faisait le ménage quand nous sommes rentrés à la maison. 5) Nous visitons la ville quand l'accident est arrivé. 6) Elle se mariait pendant que sa sœur divorçait. 7) Les étudiants faisaient des progrès quand le professeur a dû partir. 8) Que faisiez-vous pendant que nous mangeions? 9) Il gagnait pendant que je perdais. 10) Est-ce que vous dormiez quand j'ai appelé? 11) Est-ce que vous étiez en train d'écrire des lettres pendant que nous jouions? 12) Quand nous habitions New York, nous avons vu beaucoup de pièces. 13) L'avion décollait quand nous l'avons vu. 14) Le père est rentré à la maison juste quand les gosses criaient.

Leçon 23, page 126

1) If you had the money, would you buy a new apartment? — Si tu as de l'argent, est-ce que tu achèteras un nouvel appartement? 2) If you could, would you help me? — Si vous pouvez, est-ce que vous m'aiderez? 3) If you got divorced, would you be unhappy? — Si vous divorcez, est-ce que vous serez malheureuse? 4) If the tourists had the time, would they see the museums? — Si les touristes ont le temps, est-ce qu'ils iront voir les musées? 5) If the play were a flop, would we go to see it all the same? — Si la pièce est un bide, est-ce que nous irons la voir tout de même? 6) If his company was successful, the boss would be satisfied. — Si sa société réussit, le patron sera satisfait. 7) If you didn't understand, would you tell me? —Si vous ne comprenez pas, est-ce que vous me le direz? 8) If it rained, we would take

an umbrella. — S'il pleut nous prendrons un parapluie. 9) If we had to do it, we would do it. — Si nous devons le faire, nous le ferons. 10) If the weather were bad, we wouldn't go for a walk. — Si le temps est mauvais, nous ne ferons pas de promenade. 11) If we were hungry, we would finish yesterday night's meat. — Si nous avons faim, nous finirons la viande d'hier soir. 12) If she couldn't come, would you come alone? — Si elle ne peut pas venir, est-ce que tu viendras seul? 13) If I owed you money, I would pay you immediately. — Si je te dois de l'argent, je te le paierai immédiatement. 14) If she cheated on her husband, he would hit her. — Si elle trompe son mari, il la battra.

Leçon 23, page 126
1) Si ce livre vous appartenait, est-ce que vous me le prêteriez? — Non, si ce livre m'appartenait, je ne vous le prêterais pas. 2) Si vous étiez en retard, est-ce que vous m'appeleriez? — Non, si j'étais en retard, je ne vous appellerais pas. 3) Si vous étiez touriste, est-ce que vous iriez au Museum of Modern Art de New York? — ... 4) Si vous étiez fatigué, est-ce que vous iriez dormir dans ma chambre? — ... 5) S'ils étaient riches, est-ce qu'ils voyageraient? — ... 6) Si nous devions choisir un dentiste, est-ce que nous choisirions celui-là? — ... 7) Si vous échouiez à votre examen, est ce que vous continueriez à travailler? — ... 8) Si je devais choisir un mari, est-ce que je prendrais le tien? — ... 9) Si sa nana n'était pas si drôle, est-ce qu'il l'aimerait? — ... 10) Si nous n'avions pas tant d'argent, est-ce que nous pourrions venir à Paris? — ... 11) Si vous pouviez acheter ces cigarettes, est-ce que vous m'en donneriez? — ... 12) Si elle trouvait un joli appartement, est-ce qu'elle l'achèterait? — ... 13) Si cette robe était en solde, est-ce que je la prendrais? — ... 14) Si cette leçon était rasoir, est-ce que j'irais au cinéma à la place? — ...

Leçon 24, page 129
1) Elle disait/a dit qu'elle allait faire ses valises. 2) Je pensais/ai pensé qu'il était fier de son livre. 3) Nous savions que nous allions faire des progrès à New York. 4) Ils trouvaient/ont trouvé qu'ils étaient capables de le faire. 5) Vous saviez/avez su qu'elle vous cherchait. 6) Je lui ai dit ce que je pensais. 7) Il a écrit qu'il viendrait la semaine prochaine. 8) Il a pris le train qui était bondé. 9) Quand tu voulais, nous pouvions partir. 10) J'ai pensé qu'il en avait ras-le-bol. 11) Ma mère ne savait que je passais un examen hier. 12) Tu as pensé/pensais qu'il trompait sa femme. 13) Je t'ai dit/te disais que tu n'étais pas obligé de m'aimer. 14) Il a dit qu'il ferait beaucoup de fautes parce qu'il n'était pas bon.

1) Je ne sais pas si je pourrai venir. 2) Il dit que je suit folle. 3) Nous pensons que nous prendrons le train ce matin. 4) Nous lisons dans le journal que le temps sera beau. 5) Je sais qu'elle est enceinte. 6) Je trouve qu'il en a ras-le-bol. 7) Il sait qu'elle aimera son type. 8) J'espère que nous recevrons

beaucoup de monde. 9) Je pense que tu ne seras pas fâché. 10) Je décide que nous irons au cinéma. 11) Ils disent qu'ils ne veulent pas travailler mardi. 12) Le patron pense que la société aura plus de succès. 13) L'écrivain pense que son livre est le meilleur de l'année. 14) Nous savons que nous serons en retard.

Leçon 24, page 130
1) Il m'a dit qu'elle travaillait à mi-temps. Il me dit qu'elle travaille à mi-temps. 2) Je savais que vous vous rendriez compte que nous avions tort. – Je sais que vous vous rendrez compte que nous avons tort. 3) Je pensais que mon gosse vous embêtait beaucoup. – Je pense que mon gosse vous embête beaucoup. 4) J'étais persuadé que vous en aviez déjà marre. – . . . 5) Je trouvais qu'elle avait l'air moche. – . . . 6) Je savais que vous ne seriez pas satisfait. – . . . 7) Il se trouvait que vous aviez raison. – . . . 8) Nous ne nous étions pas rendu compte que c'était si important. – . . . 9) Elle a dit qu'elle était d'accord avec vous. – . . . 10) Nous pensions que vous pourriez venir. – . . . 11) Il semblait qu'il devait avoir un nouveau travail. – . . . 12) Je ne savais pas que vous étiez un tel casse-pieds. – . . . 13) Est-ce que tu ne t'es pas rendu compte que je pouvais t'aider. – . . . 14) Est-ce que vous avez pensé que j'avais tort? – . . .

Leçon 24, page 130
1) Elle se rend compte que son mari est un salaud. – Elle s'est rendu compte que son mari était un salaud. 2) Je sais que tu as de la chance. – Je savais que tu avais de la chance. 3) Je veux savoir ce dont tu as besoin. – Je voulais savoir ce dont tu avais besoin. 4) Elle pense qu'elle peut y aller. – . . . 5) Nous ne comprenons pas ce que vous nous disez. – . . . 6) Tu ne te rends pas compte que j'en ai marre? – . . . 7) Je suis convaincu qu'elle le trompe. – . . . 8) Je ne pense pas qu'il râlera pour cette décision. – . . . 9) J'espère que tu sais conduire. – . . . 10) Nous pensons qu'elle sera d'accord. – . . . 11) Je pense que nous devons partir maintenant. – . . . 12) Je trouve que je dois l'aider. – . . . 13) Il se trouve que vous ne vous rendez pas compte de ce que vous dîtes. – . . . 14) Elle dit qu'elle doit travailler dur. – . . .

Leçon 24, page 131
1) Si je suis malade, j'irai chez le médecin. Si j'étais malade, j'irais chez le médecin. 2) Si vous ne pouvez le faire, je vous aiderai. Si vous ne pouviez pas le faire, je vous aiderais. 3) Si vous n'avez pas assez d'argent, je vous en prêterai. – . . . 4) S'il fait beau, ils iront à la plage. – . . . 5) Si elle a le temps, elle viendra avec nous. – . . . 6) Si nous allons en France, nous rencontrerons des types intéressants. – . . . 7) Si tu es en retard, je serai en colère. – . . . 8) Si nous travaillons dur, nous réussirons l'examen. – . . . 9) Si nous recevons ce soir, nous vous inviterons. – . . . 10) S'il pleut, nous irons. – . . . 11) Si tu te sens mieux, tu n'auras pas à aller chez le médecin.

−... 12) Si j'en ai marre, je divorcerai. −... 13) Si le syndicat a des problèmes, le patron sera ennuyé. −... 14) S'il échoue à son examen, il sera déçu. −... 15) Si je vous prête de l'argent, vous me le rendrez. −... 16) Si je fais un voyage, tu peux venir avec moi. −... 17− Si tu dois aller chez le médecin, je viendrai avec toi. −... 18) Si elle ne sait pas, je lui dirai. −... 19) Si je n'ai pas l'intention de sortir maintenant, je parlerai avec toi. −... 20) Si elle perd au jeu, elle pleurera. −... 21) Si son mari la trompe, elle le quittera. −... 22) Si elle peut quitter son mari elle le fera. −... 23) Si je dois travailler tard, je râlerai. −... 24) Si tu veux que je reste, je resterai. −... 25) Si le cinéma est bondé, nous irons quand même. −... 26) Si je travaille à mi-temps, je gagnerai assez d'argent. −...

Leçon 25, page 133
1) Il est parti sans payer. 2) Elle mangeait en parlant. 3) Au lieu de fumer, ils mangent beaucoup. 4) En voyant sa nana avec le type, il est parti sans avoir mangé. 5) Avant d'aller au cinéma, je vais prendre un bain. 6) Il est mort en lisant/pendant qu'il lisait. 7) Étant fatiguée, je ne veux pas sortir ce soir. 8) Après avoir téléphoné, le meurtrier a tué le flic. 9) En le voyant, elle a crié. 10) Elle a réussi son examen sans travailler.

Leçon 25, page 135
1) Il a déjà mangé. 2) Est-ce qu'il a déjà fini son travail? 3) Est-ce qu'ils ont déjà téléphoné? − Non, pas encore. 4) Je l'ai déjà fait. 5) Il n'a pas encore répondu.

Leçon 25, page 135
1) L'homme dont je vous parlais est mon meilleur ami. 2) La nana dont le type est français est très sexy. 3) L'homme à qui je pense n'est pas encore venu. 4) Peux-tu me donner l'argent dont j'ai besoin? 5) Je voudrais le genre de boisson dont j'ai l'habitude. 6) C'est le genre d'homme dont j'ai besoin. 7) C'est ce dont je vous parle. 8) Le syndicat dont les ouvriers sont en grève est fort.

Leçon 26, page 138
1) Le film n'était pas terrible. 2) Il a dit qu'il avait vu un tigre dans le zoo. 3) Elle a dit qu'elle avait divorcé parce qu'il l'avait trompée. 4) Je l'ai rencontré avant de connaître son frère. 5) J'avais déjà beaucoup maigri avant de le rencontrer. 6) Elle voulait savoir ce qui était arrivé entre eux. 7) Qu'a-t-elle dit qu'elle avait fait avec les peintures? 8) J'étais sûre que je l'avais vu avant. 9) J'ai trouvé que vous aviez eu tort tout le temps. 10) Au moment où il est venu, ils avaient déjà mangé. 11) J'étais allée chez le coiffeur, avant d'aller à le soirée. 12) Le flic m'a demandé qui avait volé l'argent. 13) Les journaux étaient sûrs qu'il avait donné des pots-de-vin au syndicat. 14) Au moment où le milieu a pris le tueur, il avait déjà parlé aux flics. 15) Ils

avaient déjà été mariés six mois quand elle s'est aperçue que c'était un salaud.
16) Elle m'a dit qu'elle avait trouvé un régime formidable.

Leçon 26, page 139

1) avait attendu 2) était/a été venu 3) avait été 4) avait pris 5) avais fait
6) avaient volé 7) était arrivé 8) avais pu 9) avait trompé, était parti
10) avait fait 11) avait apporté 12) avaient déjà loué 13) avais fini 14) était
arrivé 15) aviez déjà vu 16) aviez perdu 17) avait été 18) avais perdu, avais
acheté 19) était venue 20) avais rencontré 21) avait été 22) avais eu
23) était allé 24) était déjà mort 25) avais bouclé 26) avait menti 27) était
parti 28) était venu.

Leçon 26, page 140

1) Est-ce que tu comprends? 2) Si tu ne rentres pas à l'heure à la maison, tu
te feras attraper. 3) J'ai reçu son cadeau hier. 4) Cela devient intéressant.
5) Mes beaux-parents deviennent vieux. 6) J'ai essayé de vous appeler toute
la journée, mais je n'ai pas pu vous joindre. 7) Les flics vont attraper le
meurtrier. 8) Tu piges? 9) Il ne me pige jamais. 10) Quand pensez-vous qu'il
recevra votre lettre?

Leçon 27, page 145

1) Si vous aviez eu assez d'argent, est-ce que vous auriez acheté une nouvelle
voiture? 2) Je te préviens que tu ferais mieux de partir maintenant. 3)
Comme elle est jolie!/Ce qu'elle est jolie! 4) Si elle avait été une salope, est-
ce qu'il l'aurait quand même aimée? 5) Si vous aviez été malade, est-ce que
vous seriez allé chez le médecin? 6) Si les gosses avaient été mauvais, est-ce
que la mère serait devenue dingue? 7) Si le patron n'avait pas été ici, les
types n'auraient pas travaillé. 8) Si vous ne m'aviez pas appelé, je vous
aurais appelé.

Leçon 27, page 145

1) If you had been tired, would you have stopped working? − Non, si j'avais
été fatigué, je n'aurais pas arrêté de travailler. 2) If she had been hungry,
would she have eaten something? − Non, si elle avait eu faim, elle n'aurait
rien mangé. 3) If I had been sick, would you have come with me to the
doctor? − ... 4) If we had won, would we have been happy? − ... 5) If
he had had a headache, would he have taken a pill? − ... 6) If prices had
dropped, would we have bought a house? − ... 7) If I couldn't have done
it, would you have helped me? − ... 8) If it had rained, would he have
taken his umbrella? − ... 9) If the murder had happened at your place,
would you have been worried? − ... 10) If I had invited you last night,
would you have come? − ... 11) If I had had to do it for today, could I
have? − ... 12) If I had had the time, would you have come with me to
the movie? − ... 13) If he hadn't cheated on her, would she have divorced?

—... 14) If she hadn't had a car, would she have taken this trip? —...
15) If we had had to work on Sunday, would you have done it? —... 16) If
the kids hadn't wanted it, would she have gone to the zoo? —... 17) If you
had been me, would you have done the same thing? —... 18) If I had
needed dough, would you have lent me some? —... 19) If we couldn't have
phoned, would he have understood? —... 20) If you had been bored, would
you have told me? —...

Leçon 27, page 146
1) Si tu déménageais/avais déménagé, je t'aiderais/t'aurais aidé. 2) S'il
prenait/avait pris sa retraite, il aurait/aurait eu beaucoup d'argent. 3) Si tu
étais/avais été têtu, je râlerais/aurais râlé. 4) S'ils acceptaient/avaient accepté,
le patron serait/aurait été content. 5) Si tu pouvais/avais pu venir, je serais/
aurais été heureuse. 6) S'il fallait/avait fallu le faire, je t'aiderais/aurais aidé.
7) Si tu ne réussissais pas/n'avais pas réussi ..., tu aurais/aurais eu ... 8) S'il
pleuvait/avait plu, nous n'irions pas/ne serions pas allés. 9) Si tu ne me
prêtais pas/ne m'avais pas prêté ..., je ne pourrais pas/n'aurais pas pu ...
10) Si sa femme le trompait/l'avait trompé, il ne la baiserait plus/ne l'aurait
plus baisé 11) Si vous nous décriviez/aviez décrit ..., nous la trouverions/
aurions trouvé. 12) Si je n'avais pas à/n'avais pas eu à ..., je jouerais/aurais
joué ... 13) Je pouvais/avais pu ..., je prendrais/aurais pris ... 14) Si
j'avais/avais eu ..., je trouverais/aurais trouvé ... 15) Si tu n'étais pas/
n'avais pas été ..., tu me donnerais/m'aurais donné ... 16) Si je savais/avais
su ..., je viendrais/serais venu ... 17) Si tu pensais/avais pensé ..., je
ferais/aurais fait ... 18) Si j'étais/avais été ..., j'irais/serais allé ... 19) S'il
fallait/avait fallu ..., je le ferais/aurais fait ... 20) S'il pouvait/avait pu ...,
viendrais-tu?/serais-tu venu ...? 21) S'il ne savait pas/n'avait pas su ...,
est-ce que tu lui dirais/aurais dit? 22) Si tu me décevais/m'avais déçu, je
serais/aurais été ... 23) S'il avait/avait eu ..., il ne te demanderait pas/ne
t'aurait pas demandé ... 24) Si tu ne rattrapais pas/avais pas rattrapé
..., le professeur serait fâché/aurait été fâché. 25) Si tu ne comprenais
pas/n'avais pas compris, je t'expliquerais/t'aurais expliqué. 26) S'ils
divorçaient/avaient divorcé, les gosses seraient/auraient été ... 27) Si tu ne
te rendais pas/ne t'étais pas rendu compte, tu ne le ferais pas/ne l'aurais pas
fait. 28) Si ça faisait/avait fait mal, je continuerais/aurais continué.

Leçon 27, page 147
1) Si tu boucles/bouclais/avais bouclé le travail aujourd'hui, nous ferons/
ferions/aurions fait des courses. 2) Si la pièce n'est pas/n'était pas/n'avait
pas été terrible, je n'irai pas/n'irais pas, n'y aurais pas été. 3) Si l'écrivain
est/était/avait été moche, ils ne liront pas/ne liraient pas/n'auraient pas lu
ses livres. 4) Si tu maigris/maigrissais/avais maigri ton mari sera/serait/aurait
été content. 5) S'il meurt/mourait/était mort je serai/serais/aurais été triste.
6) Si je dois/devais/avais dû y aller, est-ce que tu viendras/viendrais/serais

venu avec moi? 7) S'il peut/pouvait/avait pu vous aider, je sais qu'il le fera/
ferait/aurait fait. 8) Si le tueur est pris/était pris/avait été pris, il ira/irait/
serait allé en prison. 9) Si le politicien est/était/avait été honnête, ce sera/
serait/aurait été étonnant. 10) Si le reporter doit/devait/avait dû donner un
pot-de-vin, il en donnera/donnerait/aurait donné un gros. 11) Si le gangster
vole/volait/avait volé beaucoup de fric, il trouvera/trouverait/aurait trouvé
un politicien pour le protéger. 12) Si tu râles/râlais/avais (encore) râlé
encore, je partirai/partirais/serais parti. 13) Si tout va/allait/était allé mal,
j'irai/irais/serais allé au lit. 14) Si elle ne peut pas/ne pouvait pas/n'avait pas
pu venir, elle appellera/appellerait/aurait appelé. 15) S'ils doivent/devaient/
avaient dû payer l'addition ils seront/seraient/auraient été en colère. 16) Si
tu mens/mentais/avais menti encore, j'en aurai/aurais/aurais eu assez. 17) Si
tu peux/pouvais/avais pu deviner, ce sera/serait/aurait été étonnant. 18) Si
elle est/était/avait été enceinte, ce ne sera/serait/n'aurait pas été pas de son
mari. 19) Si tu continues/continuais/avais continué à hurler, je raccroche/
raccrochais/aurais raccroché. 20) Si tu me déçois/decevais/avais déçu encore,
je devrai/devrais/aurais dû te quitter. 21) S'il gagne/gagnait/avait gagné
beaucoup d'argent, je l'épouserai/l'épouserais/l'aurais épousé. 22) Si tu ne
peux pas/ne pouvais pas/n'avais pas pu rattraper, ce sera/serait/aurait été
bien dommage. 23) Si tu décides/décidais/avais décidé maintenant, tu peux/
pourrais/aurais pu venir avec nous. 24) Si vous avez/aviez/aviez eu l'intention
d'y aller, vous devez/deviez/auriez dû me le dire. 25) Si vous voulez/vouliez/
aviez voulu avoir votre avion, vous devez/deviez/auriez dû faire vos valises
maintenant. 26) Si vous la reconnaissez/reconnaissiez/aviez reconnue, cela
me surprendra/surprendrait/aurait surpris. 27) S'ils se marient/se mariaient/
s'étaient mariés maintenant, ils divorceront/divorceraient/auraient divorcé
l'année prochaine. 28) Si nous en avons/avions/avions eu marre, nous
démissionnerons/démissionnerions/aurions démissionné.

Leçon 28, page 149

1) Je ne peux pas le supporter. 2) Vous devez partir aujourd'hui. 3) Je suis
folle de lui. 4) Elle était censée vous le dire. 5) Il doit avoir été malade.
6) Vous devez être fatigué. 7) Est-ce que nous devons travailler si tard?
8) Je n'avais pas à vous dire la vérité. 9) Tu n'étais pas censé lui demander.
10) Ils ne doivent pas avoir compris.

Leçon 28, page 150

1) Tu aurais dû acheter plus de légumes. 2) Il devrait vraiment l'appeler.
3) Je trouve que nous aurions dû lui dire que nous avions tort. 4) Tu
n'aurais jamais dû dire ça. 5) Pourquoi lui écrirais-je? 6) Je ne pense pas que
tu devrais écrire maintenant, mais tu aurais dû écrire la semaine dernière.
7) Pourquoi est-ce que les gosses n'y auraient pas été seuls? 8) Pensez-vous
que je devrais lui dire? — Non, je ne pense pas que tu devrais lui dire quelque
chose. 9) Il n'aurait pas dû mentir. 10) Tu devrais voir ce film. 11) Vous
avez raison, nous aurions dû aller avec vous. 12) Est-ce que vous ne pensez

pas qu'elle aurait dû aller avec lui? − Oui, je vous ai dit que je pensais qu'elle aurait dû y aller.

Leçon 28, page 151
1) You should have worked quicker. Est-ce que tu aurais dû travailler plus vite? 2) He was supposed to be a good doctor. Est-ce qu'il était censé être bon médecin? 3) He hasn't come. He must have been sick. − Est-ce qu'il est venu? 4) I should have told you sooner. − ... 5) I can't find my umbrella. I must have lost it. − ... 6) The broad got married. She must have been mad. − ... 7) I don't have to go. − ... 8) I really feel that you should tell him that you're wrong. − ... 9) I feel he should have come all the same. − ... 10) You shouldn't speak to him like that. − ... 11) I'm supposed to be at work this afternoon. − ... 12) You must absolutely go to see him today. − ... 13) You must take the plane to go to Paris. − ... 14) The coat wasn't expensive. They must have lowered their price. − ...

Leçon 28, page 151
1) Je suis censée y aller ce soir. − J'étais censée y aller ce soir. 2) Est-ce que nous devons payer beaucoup de fric pour la maison? − Est-ce que nous devions payer beaucoup de fric pour la maison? 3) Est-ce que le tueur devrait aller en prison? − ... 4) Je suis censée l'appeler ce soir, mais je ne le ferai pas. − ... 5) Je ne pense pas que vous devriez y aller. − ... 6) Est-ce que tu dois vraiment aller travailler ce week-end? − ... 7) Pourquoi ont-ils fait ça? Ils doivent être fous. − ... 8) Je dois vous parler. − ... 9) Les hommes ne sont pas venus. Les syndicats doivent être en grève. − ... 10) Est-ce que tu penses qu'elle devrait divorcer? − ... 11) Je sais que tu es censé la rencontrer à la gare. − ... 12) Est-ce qu'il devrait lui acheter un cadeau pour son anniversaire? − ... 13) Tu ne devrais pas être folle de lui. − ... 14) Le patron n'est pas ici. Il doit être malade. − ...

Leçon 29, page 153
1) Her guy is so funny he is never boring. 2) The boss was so angry that he left. 3) You talk so much! 4) He eats so much that he is gaining a lot of weight. 5) She is so tired she is going to stay in bed. 6) We laughed so much!

1) Elle est si têtue qu'elle ne t'écoutera pas. 2) Elle est si franche que ça fait mal. 3) Vous êtes tellement riche! 4) Il a tellement bu de café qu'il n'a pas pu dormir. 5) Son type est tellement beau! 6) Ils sont si malheureux qu'ils devraient divorcer.

Leçon 29, page 154
1) Je suis en train de manger et j'étais en train de manger quand vous avez appelé. 2) Ils étaient en train de prendre un cours de français quand vous êtes entré. 3) Vous étiez en train de lire quand votre frère a mis la télé. 4) J'étais juste en train de m'habituer au professeur quand elle est partie.

Leçon 29, page 154

1) Oui, j'en ai. — Non, je n'en ai pas. 2) Oui, nous en parlions. — Non, nous n'en parlions pas. 3) Oui, j'en ai l'habitude. — Non, je n'en ai pas l'habitude. 4) Oui, j'en pense du bien. — Non, je n'en pense pas du bien. 5) Oui, il en a. — Non, il n'en a pas. 6) Oui, le patron en a besoin. — Non, le patron n'en a pas besoin. 7) Oui, les gosses en parlent beaucoup. — Non, les gosses n'en parlent pas beaucoup. 8) Oui, nous en avons besoin. — Non, nous n'en avons pas besoin.

Leçon 29, page 155

1) J'y habite depuis un an. 2) Est-ce que vous y allez ce soir? 3) Il y est venu avec moi. 4) Ils y ont acheté leur maison.

Leçon 29, page 155

1) Je t'ai dit de ne pas travailler trop. 2) Il m'a prévenu de ne pas y aller. 3) Vous m'avez promis de ne pas me laisser. 4) Elle a écrit de ne pas l'attendre. 5) Je lui ai demandé de ne pas appeler.

Leçon 29, page 155

1) C'est la raison pour laquelle il veut conduire jusqu'à la plage. 2) C'est la raison pour laquelle ça me va. 3) Je suis déçu et c'est la raison pour laquelle je pars. 4) Je ne sais pas et c'est la raison pour laquelle je tourne autour du pot. 5) Je ne sais pas et c'est la raison pour laquelle je ne peux pas répondre. 6) Je trouve que tu as tort et c'est la raison pour laquelle je ne suis pas d'accord. 7) Nous sommes pauvres et c'est la raison pour laquelle nous avons besoin d'argent. 8) C'est un con et c'est la raison pour laquelle je divorce. 9) Son type est extra et c'est la raison pour laquelle elle veut un enfant. 10) Je le fais tous les jours et c'est la raison pour laquelle je m'y habitue.

Leçon 30, page 159

1) Do you often make a mistake? — Non, je ne me trompe pas souvent. 2) Does he remember his last vacation? — Non, il ne se souvient pas de ses dernières vacances. 3) Is Smith your name? — Non, je ne m'appelle pas Smith. 4) Do you give a shit about what I say? — Non, je ne me fous de ce que tu dis. 5) Does he rest every afternoon on vacation? — Non, il ne se repose pas chaque après-midi en vacances. — . . . 6) Does she wonder why he left her? — . . . 7) Are you getting married in church? — . . . 9) Do you get undressed in front of your husband? — . . . 9) Do you often go for a walk during the week-end? — . . . 10) Do you get up early every morning? — . . . 11) Do you usually have a lot of fun at night? — . . . 12) Do you feel all right? — . . . 13) Don't you suspect what I'm going to tell you? — . . . 14) Are you going to make up your mind or not? — . . .

Leçon 30, page 159

1) Je me lave et je m'habille pour la soirée. 2) Nous nous demandons pourquoi vous lui avez dit de ne pas venir. 3) Ils se marieront demain mais ne resteront mariés qu'un mois. 4) Nous nous amuserons bien ce soir. 5) Je me trompe tout le temps. 6) Est-ce que tu te rends compte de ce que tu dis? 7) Si tu veux, nous irons nous promener. 8) Si tu ne vas pas te coucher tôt, tu ne lèveras jamais à l'heure. 9) Pourquoi ne vous reposez-vous pas avant le dîner? 10) Je ne me rappelle pas son visage 11) Il est toujours en train de se plaindre. 12) Je ne peux pas me décider. 13) Je me fiche de tout. 14) Je ne m'attends pas à ce qu'il appelle.

Leçon 31, page 161

1) lui-même 2) toi-même 3) eux-mêmes 4) elle-même 5) lui-même 6) eux-mêmes 7) toi-même 8) nous-mêmes 9) lui-même 10) vous-même 11) vous-même 12) vous-même 13) eux-mêmes 14) moi-même.

Leçon 31, page 163

1) Je me demandais s'il viendrait. 2) Il ne se rendait pas compte de ce qu'il disait. 3) J'allais me coucher si tu ne me parlais pas. 4) Tu t'es moqué de moi trop souvent. 5) Est-ce que tu te souvenais de notre première nuit ensemble? 6) Est-ce qu'ils se sont trompés autant que nous? 7) On s'est promené hier après-midi. 8) Elle s'est lavée et elle s'est habillée vite. 9) Tu t'es réveillé toujours à la même heure. 10) Je me suis dépêchée pour aller avec toi. 11) Nous ne nous sommes plaints de rien. 12) Elle s'est énervée facilement. 13) Je me suis amusée tout le temps avec toi. 14) Tu ne t'es jamais décidé vite.

Leçon 31, page 163

1) Tu t'es énervé hier. Tu t'énerves encore aujourd'hui. 2) Elle ne s'est pas rendu compte que son mari la trompait. 3) Les nanas sont montées se déshabiller et se laver. 4) Nous avions l'habitude de nous parler mais nous ne l'avons plus. 5) Nous nous sommes réveillés tard en vacances, mais maintenant nous nous réveillons tôt pour le boulot. 6) Je ne me suis pas trompé hier et je ne me trompe pas maintenant. 7) A quelle heure êtes-vous allé vous coucher hier soir? 8) Je ne me souvenais ni de son mari ni de ses gosses. 9) Je me fous de ses problèmes. 10) Nous nous sommes bien amusés hier soir. Nous nous amusons toujours bien. 11) Je me suis dépêchée mais tu ne t'es pas rendu compte que je voulais te voir plus tôt. 12) Il ne se décide jamais assez vite. Est-ce que vous vous êtes déjà décidé? 13) Tu t'es moqué de moi hier. J'en ai marre de toi. 14) Elle s'est encore mariée. Je ne demande si elle se souvient de tous ses maris.

Leçon 32, page 167

1) se sont promenés 2) feras, ai faite 3) regardes 4) êtes allés 5) lisais,

dormais 6) se disputent 7) as été 8) êtes-vous 9) conduisait, est arrivé
10) sont mariés 11) a dormi/dormait/dort 12) ont attrapé, avaient déjà volé
13) je pensais, étais parti 14) apprenons 15) avez déjà vu 16) devais
17) faisais, suis entré 18) est 19) commencerons 20) pouvais, pourrai
21) essaye 22) faisait, es rentré 23) a réparé, a cassé 24) s'est lavé, se lave
25) se souvenait, avait dit, avait rencontré 26) dis 27) ai été, venir 28) sont
divorcés, êtes-vous divorcés.

Leçon 32, page 168
1) Si je peux/pouvais/avais pu, je viendrai/viendrais/serais venu avec vous.
2) Si tu ne te déshabilles pas/ne te déshabillais pas/ne t'étais pas déshabillé,
je te battrai/battrais/t'aurais battu. 3) S'ils s'aiment/s'aimaient/s'étaient
aimés, pourquoi ne se marient-ils/ne se mariaient-ils/ne s'étaient-ils pas
mariés? 4) Si tu te moques/moquais/t'étais moqué de moi, je te quitterai/
quitterais/t'aurais quitté. 5) Si nous ne devons pas/ne devions pas/n'avions
pas dû faire le travail maintenant, nous nous promènerons/promènerions/
serions promenés. 6) S'il ne travaille pas/ne travaillait pas/n'avait pas
travaillé, il ne réussira pas/ne réussirait pas/n'aurait pas réussi son examen.
7) S'ils sont/étaient/avaient été riches l'année prochaine ils achèteront/
achèteraient/auraient acheté une nouvelle maison. 8) Si nous pouvons/
pouvions/avions pu aider, nous vous appellerons/appellerions/aurions appelé.
9) Si vous voulez/vouliez/aviez voulu vendre votre voiture, je l'achèterai/
achèterais/aurais acheté. 10) Si c'est/était/avait été un con, sa nana ne
l'aimera plus/ne l'aimerait plus/ne l'aurait plus aimé. 11) Si les flics peuvent/
pouvaient/avaient pu attraper le gangster, ils le mettront/mettraient/auraient
mis en prison. 12) Si ta sœur prend/prenait/avait pris la pilule, elle ne sera
pas/ne serait pas/n'aurait pas été enceinte. 13) Si elle veut/voulait/avait
voulu un avortement, le docteur le fera/ferait/aurait fait. 14) Si les ouvriers
se mettent/se mettaient/s'étaient mis en grève, les syndicats seront/seraient/
auraient été contents. 15) S'il y a/avait/avait eu une autre guerre, nous
serons/serions/aurions tous été tués. 16) Si tu continues/continuais/avais
continué tes conneries, je te quitterai/quitterais/aurais quitté. 17) Si nous
n'allons/n'allions pas/n'étions pas allé nous promener, je vais/allais/aurais
crier. 18) Si vous voulez/vouliez/aviez voulu faire un voyage, je viendrai/
viendrais/serais venu avec vous. 19) Si son amant ne peut/pouvait/avait (plus)
pu la baiser, elle sera/serait/aurait été déçue. 20) Si le spot est/était/avait été
mauvais, cela n'aura/n'aurait/n'aurait eu rien de nouveau. 21) Si les politiciens
n'acceptent/n'acceptaient pas/n'avaient pas accepté les pots-de-vin, ce sera/
serait/aurait été étonnant. 22) Si nous devons/devions/avions dû payer nos
impôts tôt, nous serons/serions/aurions été dans le pétrin. 23) Si les soldats
refusent/refusaient/avaient refusé de partir à la guerre, le monde sera/serait/
aurait été enfin heureux. 24) Si nous ne prenons pas/prenions pas/n'avions
pas pris l'autoroute, le voyage prendra/prendrait/aurait pris plus longtemps.
25) Si sa politique est/était/avait été stupide, nous ne voterons pas/ne

voterions pas/n'aurions pas voté pour lui. 26) Si je dois/devais/avais dû
maigrir, j'essaierai/essaierais/aurais essayé. 27) Si le type est/était/avait été
fou, il deviendra/deviendrait/serait devenu soldat. 28) S'il faut/fallait/avait
fallu trouver du piston, je demanderai/demanderais/aurais demandé aux
politiciens.

Leçon 32, page 169
1) Tu cuisines le même plat depuis ce matin. 2) Il disait tellement de
conneries qu'elle est sortie. 3) Il chuchotait pendant que je parlais tout fort.
4) Mon bras m'a fait mal toute la journée. 5) Je vais me laver et m'habiller
pour sortir. 6) Elle a habité New York pendant dix ans quand elle était jeune
et maintenant elle habite Paris depuis deux ans. 7) Est-ce que tu te rends
compte à quel point ils sont stupides? 8) Je ne me rappelais pas son nom.
9) Le spot était si mauvais hier que j'ai fermé la télé. 10) Il vendent au détail
depuis Noël. 11) Nous fabriquons des ordinateurs depuis longtemps. 12) J'ai
besoin de savoir si vous pouvez venir. 13) J'ai à vous dire quelque chose
d'important. 14) Vous auriez dû y aller avec moi hier. Vous ne m'écoutez
jamais quand je vous dis que vous devriez venir avec moi. 15) Je n'avais pas à
le faire pour aujourd'hui. J'ai à le faire pour demain. 16) Ils étaient en train
de monter l'affaire quand les flics sont entrés. 17) Vous devez donner des
pots-de-vin si vous voulez que les politiciens vous aident. 18) Je ne pouvais
pas aller avec vous hier, mais j'aurais pu y aller la veille. 19) Vous auriez dû
m'appeler et me dire que vous étiez dans le pétrin. 20) Il ne savait pas quoi
faire, donc je lui ai dit qu'il devrait voir le patron. 21) Si vous étiez un de
ses amis, vous auriez l'habitude de boire. 22) Quelle poire tu es! Tu n'aurais
pas dû le croire. 23) Je ne pourrais pas le supporter et je ne comprends pas
qu'elle l'aime. 24) Tu devais être un con pour croire tout ce que, le politicien
a dit. 25) Il allait prendre sa retraite quand ses gosses sont tombés malades.
26) Je n'ai pas à vous aider puisque vous ne m'avez pas aidé quand j'en avais
besoin.

Leçon 32, page 170
1) Ils sont fiancés depuis Noël. Pensez-vous qu'ils vont se marier bientôt?
2) Je riais tandis que vous vous moquiez de moi. 3) Vous devriez lui donner
un cadeau pour cet anniversaire et vous auriez dû lui en donner un l'année
dernière. 4) J'essaie depuis deux heures d'avoir ce sacré type au téléphone.
5) Je ne m'y attendais pas mais cela ne m'a pas surpris. 6) Je ne vois personne
et je n'entends rien. 7) Je n'ai qu'un peu de fric. Peux tu m'en prêter un peu?
8) Notre société fournit l'usine en ordinateurs depuis des années et des années.
9) Il n'a rien compris. Il ne comprend jamais rien. 10) J'étais en train de
divorcer quand je l'ai rencontré. 11) Il trompe sa femme depuis leur mariage.
12) Tu dois rattraper si tu ne veux pas prendre trop de retard. 13) Les
escrocs fêtaient leur cambriolage quand les flics sont entrés. 14) Tu n'aurais
pas dû prendre ces drogues. 15) Je ne peux pas aider. Je suis trop fatigué.

16) Il bat sa femme depuis que leur bébé est né. 17) Depuis quand êtes-vous enceinte? 18) Ma jambe me fait mal depuis l'accident. 19) Est-ce que cela vous dérange si je fume pendant que vous mangez? 20) J'ai pu laisser un gros pourboire. Vous auriez dû en laisser un aussi. 21) Je ne pourrais rester honnête dans la politique. Le pourriez-vous? 22) Le milieu est si fort que nous avons tous peur. 23) Depuis quand êtes-vous mariés? 24) Est-ce que vous saviez qu'il la trompait pendant que nous étions en voyage? 25) Vous devriez avoir l'habitude de ses plaisanteries depuis longtemps. 26) Tu n'as pas à prendre ton savon avec toi. 27) Nous payions beaucoup d'impôts et nous allions être fauchés en même temps. 28) Vous auriez dû me dire plus tôt que vous n'alliez pas venir.